In Afghanistan

1958-1961

Reinhard Schlagintweit

D1718157

edition tethys 2016

Bibliografische Informationen der Deutschen Nationalbibliothek:
Die Deutsche Nationalbibliothek verzeichnet diese Publikation in der
Deutschen Nationalbibliografie. Detaillierte bibliografische Daten im
Internet über http://www.d-nb.de abrufbar.

Impressum

Reinhard Schlagintweit,»In Afghanistan«
Herausgeber: Thomas Loy und Olaf Günther
© 2016 edition tethys
Alle Rechte vorbehalten.
Umschlagidee: Jons Vukorep
Umschlaggestaltung und Karte: Marco Stegemann
Titelbild und alle Abbildungen: Reinhard Schlagintweit
Druck und Bindung: winterwork Borsdorf

ISBN 978-3-942527-02-6

http://edition-tethys.org/

Reinhard Schlagintweit

In Afghanistan

Tagebücher 1958-1961,
mit einem Nachtrag zu 1996

Inhaltsverzeichnis

Vorwort

Von März 1958 bis September 1961 arbeitete ich in der Deutschen Botschaft in Afghanistan. Ich ahnte damals nicht, dass diese Zeit zu den schönsten Jahren im Leben meiner Frau und mir gehören würde.

Im letzten Jahr meines Dienstes in der Türkei hatte ich bei der Personalabteilung in Bonn mein Interesse an einem Posten in Afghanistan angemeldet. Ich war gern in der Türkei und hoffte wohl, in Afghanistan eine Steigerung der für uns so anderen Welt des muslimischen Orients zu erleben. Von Afghanistan hatte ich keine Ahnung. Mich reizte das Unbekannte, Abenteuerliche, das ich mit diesem Namen verband. Als ich meiner Frau von meinem Wunsch berichtete, war sie nicht begeistert. Wir waren eine fünfköpfige Familie, das jüngste Kind war noch keine zwei Jahre alt. Gerade zu dieser Zeit gab es einen ernsten Konflikt zwischen Afghanistan und seinem Nachbarn Pakistan. Pakistan sperrte zeitweise den Khaiber-Pass, den wichtigsten Grenzübergang; häufig mussten Transitgüter nach Kabul wochenlang auf die Genehmigung zur Weiterfahrt warten. Für eine Mutter von drei Kindern war das nicht besonders verlockend. Nach ein paar Wochen, als keine weiteren Alarmnachrichten mehr eintrafen, sagte sie: „Also wenn du so gerne nach Afghanistan willst – ich komme mit. Das schaffen wir schon."

Kabul war mein und meiner Familie Lieblingsposten in einer mehr als 40 Jahre dauernden Tätigkeit im Auswärtigen Dienst. Nicht nur uns ging es so. Ich kenne niemand, der damals in Afghanistan lebte und nicht sein Leben lang von diesem Land und seinen Menschen schwärmte. Die großartige, unzerstörte Landschaft hatte etwas zu Herzen und zur Seele gehendes. In Kabul wurde unser jüngster Sohn geboren. Wir unternahmen wunderbare Reisen und genossen die natürliche Gastfreundschaft, die uns überall entgegengebracht wurde. Meine Frau weinte, als sie Ende 1961 das Flugzeug nach Deutschland bestieg. Auch mich hat Afghanistan seither nicht wieder losgelassen.

Der Reiz dieses Landes bestand natürlich auch in seinem vormodernen Charakter. Wir trafen in Afghanistan auf eine Welt, die von Industrialisierung, Konsumwirtschaft, Verstädterung noch kaum berührt schien. Gleichzeitig war ich Zeuge politischer und sozialer Veränderungen, deren Bedeutung weit über die Grenzen des kleinen Landes hinausging und die bis heute nachwirken. Afghanistan war damals noch nicht „entdeckt". Hippies gab es noch nicht, die belebten erst 10 Jahre später die Basare und fuhren per Bus oder Anhalter weiter nach Indien. Es kamen noch nicht einmal Touristen. Drogen waren kein Thema. Wenn, ganz selten, ein deutscher Student sich auf der Durchreise bei der Botschaft meldete, luden wir ihn zum Mittagessen ein.

In Kabul gab es damals noch wenig Autos. Als ich in den ersten Wochen im Hotel wohnte, brachte mich morgens eine Pferdedroschke in die Botschaft. Unser Haus war eins der wenigen, das ein Blechdach besaß; Küche und Abstellräume waren, wie die meisten Nachbarhäuser, nur mit Lehm gedeckt und mussten nach Regen oder Schnee mit einer einfachen Steinwalze wieder dicht gemacht werden. Eine elektrische Pumpe versorgte das Haus mit Grundwasser. Vor dem Haus wuschen sich viele Menschen in den Wassergräben, die zwischen Straße und Häusern entlang führten und auch anderen Zwecken dienten.

Ich spürte täglich, wie stark Afghanistan vom Islam geprägt war. Das Fastengebot im Ramadan und das Alkoholverbot wurden, im Gegensatz zur Türkei, strikt eingehalten. Alle Frauen trugen den Ganzkörperschleier, der in Afghanistan

Tschadri genannt wird und hierzulande als „Burka" bekannt ist. Während des ersten Jahres unseres Aufenthalts sah ich das Gesicht keiner einzigen afghanischen Frau. Aber schon nach einem Jahr erlebten wir den historischen Augenblick, in dem der König die Schleierpflicht aufhob. Am afghanischen Nationaltag erschienen der König, der Ministerpräsident und andere Angehörige der königlichen Familie und des Kabinetts zum ersten Mal in Begleitung ihrer Frauen in der königlichen Loge. Die Damen waren unverschleiert, trugen aber Kopftuch und Mantel. Das wurde von vielen in Kabul als Befreiung empfunden. Die Bevölkerung akzeptierte die Neuerung, weil sie ihr nicht aufgezwungen wurde; jede Frau war frei, Tschodiri zu tragen oder nur die Haare zu verhüllen. Am meisten freuten sich die Schulmädchen, die nun fröhlich in ihrer dunklen Schuluniform und mit weißem Kopftuch auf den Straßen herum liefen. Nur im Süden des Landes brannten einige Schulen.

Gespräche mit afghanischen Kollegen vom Außenministerium und mit anderen Bekannten ließen eine tief sitzende, mystische Form des Glaubens erahnen.

Während unserer Zeit in Afghanistan war das ganze Land sicher. Aus der Sicht der späteren Entwicklung fällt es schwer zu glauben, dass wir damals allein an malerischen Seen zelteten oder tagelange Wanderungen durch das Hochgebirge unternehmen konnten. Und dass wir afghanische Freunde hatten, mit denen wir an Wochenenden in vom König angelegten Gärten in der Nähe der Hauptstadt picknicken.

Alle Macht im Staat lag in den Händen der königlichen Familie, des beliebten, aber wenig aktiven Königs Zahir Schah und seines Vetters und Schwagers, des Ministerpräsidenten Prinz Daud. Daud regierte das Land mit eiserner Faust. Räuber wurden ohne viel Federlesens aufgehängt; politische Kritiker verschwanden schnell im Gefängnis. Die paschtunischen Stämme ließ man weitgehend in Ruhe. Konflikte zwischen den verschiedenen Sprach- und Religionsgruppen schien es nicht zu geben.

Erst am Nationalfeiertag lernten wir die ethnische Vielfalt des Landes kennen, wenn Menschen aus dem ganzen Land nach Kabul strömten. Da tanzten wilde Paschtunen im Kreis andächtig zuschauender Städter, die langen Haare in die Luft schleudernd, während etwas weiter Turkmenen und Usbeken ihre martialischen Reiterspiele austrugen.

„Armut" war damals kein dringendes Thema. Natürlich wusste jeder, dass Afghanistan zu den ärmsten Ländern der Erde gehörte. Aber die allermeisten Menschen im Land kannten nichts anderes; es gab keine Alternative. Das galt sowohl für die sesshaften Bauern wie für die große Zahl von viehzüchtenden Nomaden, von denen viele den Winter in der Indus-Ebene verbrachten. Die meisten Frauen, auch die Mehrheit der Männer, konnten weder lesen noch schreiben. Die Regierung fing erst seit kurzem an, auch auf dem Land Schulen zu bauen. Von einem Gesundheitsdienst konnte außerhalb Kabuls und einer Handvoll anderer Städte keine Rede sein. Viele Missstände wie Kinderehen und Gewalt in der Familie, die heute mit Recht angeprangert werden, waren uns damals nicht bekannt. Es gab sie natürlich; ich zweifle aber, ob sie unsere afghanischen Freunde beunruhigten.

Damals lief gerade die ausländische „Entwicklungshilfe" an. Die afghanische Regierung hatte nach sowjetischem Vorbild für die Jahre 1956-1961 zum ersten Mal einen Fünf-Jahres-Plan aufgestellt. Durch die Verbesserung der Infrastruktur, der Erschließung von Bodenschätzen, sowie durch den Bau von Kraftwerken und Fabriken, wollte man Voraussetzungen für die wirtschaftliche Entwicklung schaffen. Die Hilfe der Sowjetunion zielte auch auf den militärischen Sektor. Schon etwas früher war ein amerikanisches Landwirtschaftsprogramm gestartet: mit zwei großen Staudämmen sollte das Helmand-Tal landwirtschaftlich entwickelt werden; dazu kamen der Bau des Flugplatzes Kandahar und der Ausbau der Straße von Kabul nach Kandahar. Die Vereinten Nationen unterhielten eine große Vertretung in Kabul, und ihre Berater saßen in vielen Ministerien.

Nach den USA gab die Bundesrepublik Deutschland am meisten nicht-militärische Hilfe. Der Grund unserer Großzügigkeit waren nicht nur die bis in die Zeit des ersten Weltkriegs zurück reichenden freundschaftlichen Beziehungen, die seither fast ohne Unterbrechung von Beratern, Lehrern, Ingenieuren und Firmen gepflegt worden waren. Sondern auch, weil Bonn sicher gehen wollte, dass Afghanistan, ein blockfreier Staat, der enge Beziehungen zur Sowjetunion unterhielt, die DDR nicht völkerrechtlich anerkannte.

Das wichtigste Projekt der Technischen Hilfe waren Berufsschulen, drei in Kabul, und zwei in der Provinz in Kandahar und in Chost. Dazu kamen in meiner Zeit eine Mission der Bundesanstalt für Bodenforschung zur Erkundung von Bodenschätzen und eine hydrologische Mission, die die Wasservorräte des Landes untersuchte und die Behörden bei ihrer Nutzung beriet. Nicht zu vergessen die deutschsprachige Oberrealschule. Zu unserer Zeit hieß sie Nedschat-Schule, später erhielt sie wieder ihren alten Namen Amaniye, nach König Amanullah, der sie 1924 gegründet hatte. Viele wichtige Persönlichkeiten sprachen gut Deutsch, weil sie die Schule besucht und/oder in Deutschland studiert hatten.

Die Deutsche Botschaft hatte damals nur drei Diplomaten: den Botschafter, den Wirtschaftsreferenten und mich. In meine Verantwortung fielen auch die ersten Veranstaltungen mit westlicher Kunst. Den Anfang machte ein junger deutscher Gitarrist. Als er auf dem Weg nach Indien durch Kabul kam, dachten wir uns, dass er zusammen mit afghanischen Musikern ein Konzert geben könnte; jeder sollte seine Musik spielen, die Afghanen ihre indisch klingenden einstimmigen Weisen, Siegfried Behrends Bach und Villa-Lobos.

Das Konzert fand im einzigen Kabuler Kino statt, es hatte erst vor kurzem eröffnet. An diesem Abend war es bis auf den letzten Platz besetzt. Das jugendliche, durchweg männliche Publikum hockte im Schneidersitz auf den Sesseln. Wahrscheinlich waren sie vorher noch nie in einem Kinosaal gewesen. Ihre Begeisterung äußerten sie durch aufmunternde Zurufe.

Zu dieser Zeit zogen bereits dunkle Wolken am politischen Himmel Afghanistans auf. Am bedrückendsten war die immer stärker werdende Stellung des nördlichen Nachbarn. Wenige Jahre vorher war es der Sowjetunion gelungen, eine politische Schlüsselfunktion in die Hand zu bekommen; sie hatte zugesagt, die afghanischen Streitkräfte auszurüsten und zu schulen. 1955 hatten Parteichef Chruschtschow und Ministerpräsident Bulganin Kabul besucht; im Gepäck einen Entwicklungskredit über die damals sensationelle Summe von 100 Millionen US-Dollar und das Angebot, die Streitkräfte zu modernisieren. Kurz vorher hatten die Vereinigten Staaten die Bitte um Rüstungshilfe abgelehnt.

Anfang 1955 hatte Prinz Daud zunächst die Amerikaner um Militärhilfe gebeten. Daud hatte vom Nachbarn Pakistan verlangt, es sollte „seinen" Paschtunen das Recht auf Selbstbestimmung geben; das hieß praktisch, ihnen die Möglichkeit zu geben, sich von Pakistan loszusagen und dem von Paschtunen geprägten Afghanistan anzuschließen; diese Forderung hatte zu schweren Spannungen mit Pakistan geführt. Nun sah sich Kabul gezwungen aufzurüsten. Daud suchte nach Unterstützern. Die USA kamen dafür nicht in Frage, da sie in den Regionalbündnissen Bagdad-Pakt und South-East Asian Treaty mit Pakistan verbunden waren. Die Sowjetunion sprang in die Bresche.

Das sowjetische Angebot beinhaltete neben der Militärhilfe auch ein großzügiges Stipendienprogramm, das die afghanische Regierung verpflichtete, jährlich eine größere Zahl

Akademiker zur Ausbildung in die Sowjetunion zu schicken. Damit sicherte sich die Sowjetunion einen bestimmenden Einfluss auch auf das politische Geschehen in Afghanistan.

In den 50er Jahren hatte Afghanistan begonnen, sein Bildungssystem auf breitere Schichten der Bevölkerung auszudehnen. Mit Studenten und Hochschulabsolventen, auch aus der Provinz, entstand eine neue soziale Gruppe. Während unserer Zeit in Kabul erlangten sie zum ersten Mal Zugang zu öffentlichen Berufen und entwickelten ein politisches Bewusstsein. Zu dieser Gruppe gehörten Journalisten und Lehrer, mit denen ich zu tun hatte. Wenn ich sie besser kennen lernte, hörte ich oft, wie kritisch sie den Zustand ihrer Gesellschaft sahen. Sie verglichen die Rückständigkeit Afghanistans mit der Entwicklung der zentralasiatischen Provinzen der Sowjetunion. Schon wenn man mit dem Flugzeug nach Norden flog, sah man, wie sich jenseits der Grenze die Landschaft veränderte: statt trockener Steppe sorgfältig angelegte, grün schimmernde Felder, stattliche Dörfer, in denen es Schulen gab und die Kranken versorgt wurden. Die Menschen dort gehörten zur gleichen Kultur wie sie selbst. Die Rückständigkeit des eigenen Landes musste also an etwas anderem liegen, sei es die traditionelle Regierung, sei es die in Afghanistan viel unbedingter ausgeübte Religion. Die Verhältnisse in den zentralasiatischen Sowjet-Provinzen erhielten für viele kritische Intellektuelle Modellcharakter.

Nach dem Ende meiner Tätigkeit nahmen diese politischen Polarisierung dramatische Dimensionen an. Zunächst versuchten die traditionellen Eliten in Kabul, die sowjetische Präsenz zurückzudrängen. 1963 trat Prinz Daud zurück. Ein Bürgerlicher, der bisherige Bergbauminister Mohammed Jussuf, bemühte sich, das außenpolitische Gleichgewicht wieder herzustellen. Liberale Persönlichkeiten traten ins Kabinett ein, die Beziehungen zu den USA und Europa wurden ostentativ gepflegt.

Den schwachen Regierungen, die folgten, gelang es jedoch nicht, den außenpolitischen Kurs des Landes zu korrigieren. Es entstand zwar eine neue Verfassung mit einem Parlament und einem verbesserten Rechtssystem. Ohne ein Parteiengesetz konnten sich die ohnehin wenig aktiven gemäßigten Kräfte nicht formieren. Fünf Ministerpräsidenten in zehn Jahren waren nicht in der Lage, den Einfluss der Sowjetunion zu erschüttern. Linke Gruppen bildeten zwei kommunistische Parteien, denen Intellektuelle und Offiziere angehörten.

Ein traditioneller Schwachpunkt der afghanischen Sozialstruktur war schon seit jeher der tiefe Graben zwischen Stadt und Land. Bei meinen Reisen hatte ich oft gespürt, wie fremd die Menschen in den Dörfern und die Eliten in der Hauptstadt einander waren. Die Landbevölkerung sah in der fernen Regierung vor allem eine Quelle von Unannehmlichkeiten wie Steuern, Arbeitsfron und Wehrdienst. Die schwachen Verbindungen zwischen Kabul und den Dörfern rissen gänzlich ab, als zwischen 1969 bis 1972 eine schwere Dürre das Land heimsuchte. Der Not fielen etwa 100 000 Menschen zum Opfer. Erstmals übte die Bevölkerung auch am König Kritik; er wurde für das Versagen des Staates verantwortlich gemacht. Ein Jahr später setzte Prinz Daud, der elf Jahre lang kein politisches Amt bekleidet hatte, den König ab und rief die Republik aus.

Prinz Daud war 1973 mit Hilfe der in der Sowjetunion ausgebildeten Offiziere und Politiker an die Macht gekommen. Es dauerte nicht lange, da wurde ihm klar, dass Politiker, die eine religionsfeindliche Ideologie durchsetzen wollten, nicht dazu taugten, ein Land mit einer so streng religiösen Bevölkerung wie Afghanistan zu führen. Mit Unterstützung des Schahs von Iran versuchte er, diese Kräfte zurückzudrängen. Doch dafür war es zu spät. Im April 1978 putschten die kommunistischen Parteiführer und Offiziere und erklärten Afghanistan zur sozialistischen Republik; Prinz Daud wurde ermordet. Zwei Jahre später mussten die afghanischen Kommunisten Moskau zu Hilfe rufen; sie sahen keinen anderen Weg, um mit den widerständischen Gruppen fertig zu werden, die landesweit in den Dörfern gegen die gottlosen Modernisierer angetreten waren und sich in lokalen Kleinkriegen als überlegen erwiesen. Auf der Grundlage der Breschnew-Doktrin – kein Land, das einmal sozialistisch war, darf wieder kapitalistisch werden – marschierten sowjetische Truppen an Weihnachten 1979 in Afghanistan ein. Zehn Jahre später mussten sie geschlagen abziehen, wie jede Besatzungsmacht vor und nach ihnen. Der afghanische Staat war schon vorher im Kampf zwischen Besatzungsmacht und Freiheitskämpfern zerrieben worden. Im darauf folgenden Kampf um die Macht in Kabul zerstörten die siegreichen Mudschaheddin das Land und legten auch das bis dahin unversehrte Kabul in Schutt und Asche. Die westlichen Geldgeber und Unterstützer der islamischen Kriegsparteien in Afghanistan zogen sich zurück. Als nach dem 11. September 2001 mit dem „Krieg gegen den Terror" ein neuer globaler Machtkampf ausgerufen wurde, erklärten die USA kurzerhand das arme Land am Hindukusch zur Kriegspartei. Auf der Suche nach den Drahtziehern der Anschläge auf das World Trade Center vertrieben sie die reaktionären Taleban, setzten eine neue Führung ein und versuchten, einen Staat nach westlichen Vorstellungen zu bauen. Amerika war, ähnlich wie zwei Jahrzehnte früher die Sowjetunion, dieser Aufgabe nicht gewachsen, als die Afghanen sich gegen die fremde Bevormundung wehrten. Gegenwärtig zieht auch Washington sich wieder zurück. Als Folge drohen, wie vor 25 Jahren, Staatszerfall und Bürgerkrieg.

Vor 50 Jahren konnte man nicht ahnen, welche Katastrophen Afghanistan noch bevorstehen. Daher waren wir in der Lage, den Zauber des Landes und die Freundlichkeit der Menschen unbekümmert auszukosten. Ich konnte die politischen und kulturellen Eigenarten mit Anteilnahme studieren, ohne von bedrohlichen politischen Wolken beeinträchtigt zu werden.

Mir ist klar, dass ich damals vor allem die Sonnenseite des Landes wahrnahm und auch nur sie hier wiedergebe; dass ich oft idealisiere und romantisiere. Dennoch glaube ich, dass meine Frau Silvia und ich die meisten Menschen, die uns beeindruckten, in ihrer echten Gestalt erlebten. Dies festzuhalten ist das wichtigste Ziel dieser Niederschrift.

Natürlich wusste ich, dass „die" Afghanen, wenn es so etwas überhaupt gibt, gerne als ein „Kriegervolk" dargestellt werden. Ein Bekannter sagte damals: „Jeder Zentimeter afghanischen Bodens ist mit Blut gedüngt." Afghanistan als Staat war ein Gebilde europäischer Mächte; es diente seit jeher fremden Heeren als Durchgangsland; seine politische Geografie ist absurd. Es besteht praktisch nur aus Peripherie, mit einem Zentrum aus schwer zugänglichen Hochgebirgen. Konflikte und Gewalt sind bis heute wesentliche Bestandteile der afghanischen Geschichte.

Aber meine Familie und ich haben in den dreieinhalb Jahren, in denen wir in Afghanistan lebten nie Gewalt, Falschheit oder Bosheit erlebt. Friede und Entwicklung schienen nicht gefährdet. Von Angehörigen der königlichen Familie bis zu Angestellten und Menschen, die wir im täglichen Leben und auf Reisen kennen lernte – alle brachten uns Freundschaft, Großherzigkeit, Vertrauen entgegen.

Dass ich fast nur die Sonnenseite Afghanistans wahrnahm, mag auch daran gelegen haben, dass uns die Realität der politischen Herrschaft nicht zugänglich war. Und an der Fremdheit des Lebens in Kabul, die wenig Reibungspunkte zuließ und unseren Kontakt auf Menschen beschränkte, die sich für uns interessierten und in der Regel akademisch gebildet waren. Wichtige Gründe für die warmherzige Zuneigung der Menschen waren für mich ihre lebendige Religiosität und der von den Auswüchsen der Moderne weitgehend noch freie, das heißt „niedrige" Entwicklungsstand des Landes.

Die Notizen, die ich mir damals machte und jetzt neu zusammenstelle, sind nicht Teil eines systematisch geführten Tagebuchs. Ich versuchte einfach, das festzuhalten, was mir bemerkenswert erschien; meine Notizen sollten helfen, mir ein Bild von den Verhältnissen im Land zu machen und das Auswärtige Amt über wichtige innen- und außenpolitische Entwicklungen zu unterrichten. Manches schrieb ich, um unseren Familien in Deutschland unsere „neue Heimat" begreifbar zu machen. Zunehmend schrieb ich auch das auf, was ich als ungewöhnlich und charakteristisch empfand. Das waren die Menschen, mit denen ich mich austauschen konnte und deren Schicksale mich berührten. Dazu kamen die aufregenden Reisen, die mich in abgelegene Gebiete und scheinbar frühere Epochen der Menschheit führten. Ich habe nicht alle Notizen verwertet, sondern eine Auswahl getroffen. Manchmal ergänzte ich, erklärte, kürzte oder verbesserte die Sprache. Manchmal gebe ich die kalendarische Folge meiner Notizen auf und fasse Erinnerungen zusammen, die thematisch zusammenpassen. Auf der anderen Seite fehlen wesentliche Elemente meines damaligen Lebens. Würde man die dreieinhalb Jahre, die ich als Legationsrat an der Deutschen Botschaft in Afghanistan verbrachte, nach meinem Notizen beurteilen, so könnte man meinen, ich sei die ganze Zeit herumgereist und wäre nicht jeden Morgen um halb acht zu Fuß in die Botschaft gegangen, hätte nicht Berichte geschrieben, deutsche Paare getraut, Streitigkeiten unter den deutschen Lehrern geschlichtet, mich um Lehrer und Lehrmaterial für die von uns geförderten Schulen gekümmert, durchreisende Journalisten, Professoren, Künstler und Weltenbummler betreut; und mit ihnen allen sowie mit Mitarbeitern, Kollegen, Freunden und Besuchern Gespräche geführt. Auch das gehört zu meinen schönen Erinnerungen an Afghanistan.

Wohnhaus der Familie Schlagintweit in Kabul 1958-1961

Annäherung

18. März 1958 Ich war morgens in Ankara abgeflogen und zwei Stunden später in Beirut eingetroffen. Um Mitternacht startete dort das Flugzeug nach Kabul. Die Maschine diente vor allem dem Gütertransport. Sie war vollgepackt mit Kisten, Möbeln und Kartons; es gab nur etwa 20 einfache Sitze und weder einen Vorhang noch ein Gepäcknetz. Bald sah ich unter mir die beleuchteten Straßen von Damaskus, dann die Feuer der irakischen Ölfelder, später, in den Bergen, das eine oder andere Hirtenfeuer. Kurz bevor es hell wurde, breitete sich Teheran wie ein riesiger Funkenteppich unter mir aus.

Nach einem vierstündigen Zwischenaufenthalt ging es stundenlang über eine wunderbar gestaltete Wüste. Salze, Mineralien und unterschiedliche Erdarten hatten zusammen mit fließendem oder stehendem Wasser die fantastischsten Formen auf dem Boden hervorgebracht: Kreise, Rippen, Wellen, Ringe, alles von einer abstrakten Schönheit. Unvermittelt stießen scharfe Grate aus der Fläche; auch sie waren in regelmäßiger, phantasievoller Weise gefältelt und geschichtet, andere bildeten tausende kleiner Hufeisen. Alles Nicht-Feste hatte der Wind längst weggeblasen; es bedeckte jetzt die Füße der Gebirge.

Dann flogen wir lang über die Salzwüste. Die war wirklich weiß und flach und ausgestorben, ganz selten gab es ein paar dunkle Flecken, wo Wasser zusammen lief, sonst blieb sie monoton. Schließlich legten sich Sanddünen darüber. Einige Male sah ich in der Einöde winzige Oasen, Gärten, auch Felder. Vermutlich waren sie viele Tagereisen voneinander entfernt.

Ein Nachbar machte mich darauf aufmerksam, dass hinter einem Bergzug Afghanistan begann. Jetzt wurde die Wüste ungestaltet, gelbbraun, flach, manchmal etwas wellig, ohne ein Merkmal, außer ab und zu einem trockenen Flusslauf. Sogar hier steckte gelegentlich eine einsame Siedlung im Sand, mit ein bisschen Grün drum herum; auch das würde wohl bald verschwunden sein.

Auf einmal erschien ein breiter grüner Streifen im Fenster, mit einem Fluss in der Mitte: das Helmand-Tal. Dann ging die Wüste weiter, die Berge wurden höher. Plötzlich sah ich Felder, Gärten und Dörfer wie einen feinen Filigran-Teppich über den Boden gebreitet, gefolgt von einem regelmäßigen Quadrat; außen eine dicke Mauer, innen ein Gewimmel von Lehmhäusern und Höfen. Die Stadt Kandahar.

Die Frauen, die bis dahin europäisch gekleidet im Flugzeug gesessen waren, stülpten ihre Überhänge über Kopf und Körper; die Männer hatten ihre Pelzkappen schon aufgesetzt. Als wir landeten, erwarteten uns wild aussehende Männer mit langen Bärten, Turbanen und weiten weißen Hosen an der Treppe. Ich war in Afghanistan angekommen.

Wir mussten wieder Stunden warten. Dann ging es weiter, zum Glück in der gleichen viermotorigen Maschine und nicht in einer der kleineren Dakotas, die hier gewöhnlich verkehrten. Denn der Flug verlief holprig. Ich sah, wie der Sturm auf den Talböden Sandwolken aufwirbelte; riesige Schneeberge tauchten aus Dunst und Wolken auf und kamen immer näher. Das Flugzeug schaukelte heftig und machte Sprünge. Schließlich steuerte der Pilot es durch eine Lücke in den Bergen, zog eine steile Kurve, und schon waren wir gelandet. Ich war dankbar, wieder festen Boden unter den Füßen zu haben, obwohl auch der mir noch lang zu schwanken schien.

Kabul, 23. März 1958 Gestern Nachmittag unternahm ich meinen ersten Spaziergang durch die Altstadt. Er befriedigte alle Bedürfnisse nach Fremdartigkeit und zentralasiatischer Atmosphäre: Die Männer trugen wilde Turbane, die aus einem um den kahlen Kopf gewundenen Tuch mit herabhängenden Enden bestanden, und lange, grün, blau, rot oder lila gestreifte Mäntel aus blassem, dichtem Stoff. Ihre Gesichter waren entweder klein, dunkel, mongolisch; oder groß, knochig und hatten einen wilden Bart. Dazwischen bewegten sich die Frauen, unsichtbar in ihren weit gefältelten Umhängen, die beim Gehen weit nach hinten wehen.

Der Basar bestand aus engen Gassen mit links und rechts kleinen offenen Lädchen, in denen alles denkbare Bunte, Wohlschmeckende und Brauchbare feilgeboten wurde, von Teppichen über Stoffen, Töpfen, Süßigkeiten bis zu Tee und Gewürzen. Drinnen hockten die beturbanten Händler und warteten auf Kundschaft. In einigen Ecken saßen Musikanten auf der Straße und machten mit einer kleinen Hirtenflöte und einer Trommel Musik; im anderen rasierten Barbiere ihren gegenüber hockenden Opfern den Schädel wieder kahl. Einmal ging ich in eine Nebenstraße, wo es keine Läden gab.

Wie am Rand jeder Gasse lief ein schmaler offener Wassergraben mit grünlich-öligem Abfallwasser die Mauern entlang; auf den Plätzen staute sich das zu größerem Morast. Auf dieser Gasse wurden große wie kleine Geschäfte erledigt, vor aller Augen; die Überbleibsel blieben fein ausgerichtet stehen. Das störte niemand. Trotz meines Vorsatzes, „positiv" zu bleiben, wurde es mir einen Augenblick lang schlecht. Zum Glück lenkten mich malerische Kamele ab, die sich im nächsten Hof hinter großen Holzlasten ausruhten.

Später stieg ich auf einen der Berge am Rand der Stadt; auf ihm standen noch die Reste alter Befestigungen. Von dort hatte man einen großartigen Blick auf die von nackten Rücken unterbrochene Ebene von Kabul und die riesigen, weiß glitzernden Gebirge rings herum. Das Land lag unter dem bläulichen Dunst der Trockenheit, die Felder waren schon grün, die Bäume noch kahl, ein paar zeigten die ersten Blüten. Was mich am meisten beeindruckte waren die gewaltigen Berge am Rand der Ebene, so wild, so jäh, dass mir die ästhetischen Begriffe fehlen, um sie zu beschreiben.

Eben wird das abendliche Fastenbrechen eingeschossen, der Moment während des Fastenmonats Ramadan, ab dem wieder gegessen werden darf. Auch mittags ertönt ein Kanonenschuss. Er zeigt die genaue Zeit, 12 Uhr, an.

Kabul, 17. April 1958   Die Verhältnisse hier sind offenbar komplizierter, als ich am Anfang dachte. Es gibt viel Korruption und riesige soziale Unterschiede. Oft höre ich, die Arbeit der ausländischen Experten und des ausländischen Geldes bliebe meistens vergeblich, weil die Verwaltung versagt. Auf der anderen Seite sieht man auch viel guten Willen, auch bei den kleinen Leuten.

Das Ausmaß der sowjetischen Durchdringung ist das wichtigste Gesprächsthema unter den Ausländern. Seit Chruschtschow und Bulganin vor drei Jahren hier waren, scheint eine Wende eingetreten zu sein. Viele Projekte, Straßen, Stauwerke, Bewässerungsanlagen, die von Deutschen geplant waren und von ihnen auch gebaut werden sollten, werden jetzt mit russischem Geld finanziert und infolgedessen von den Russen verwirklicht, angeblich zu höheren Preisen.

Kabul, 23. April 1958   Ich habe angefangen Farsi, den hier gesprochenen Dialekt des Persischen zu lernen. Ein netter junger Lehrer kommt zweimal in der Woche zu mir ins Hotel. Ich würde gern persische Gedichte im Originaltext lesen und auf Reisen wenigstens ein Minimum mit den Einheimischen sprechen können. Ich kann schon schreiben: Hadschi, bring mit dem linken Fuß kaltes Wasser!

Erste Mosaiksteine

Kabul, 16. Juli 1958 Begierig auf Information und Erfahrung aus dem geheimnisvollen Land benutze ich die Cocktails, auf denen man meistens entweder nur Deutsche oder nur Diplomaten trifft, um Authentisches über sein Innenleben zu erfahren. Dr. S. arbeitet an der einzigen Zahnklinik des Landes; er ist einer der wenigen deutschen Ärzte in Kabul, daher wird er auch von den Diplomaten eingeladen. Die Tatsache, dass er den König behandelt, verleiht seinen Aussagen die Illusion des Authentischen. Mit der Zeit merkte ich allerdings, dass auch bei ihm Klatsch und Wirklichkeit schwer zu unterscheiden sind.

Natürlich möchte ich wissen, was für ein Mensch der etwa vierzigjährige König ist. Dr. S. erzählt: „Der König wird vom Ministerpräsidenten, seinem Vetter und Schwager, bewusst von der Macht ferngehalten. Seit der Ermordung seines Vaters (Nadir Schah 1933) traut er sich nicht mehr an die Öffentlichkeit; er fürchtet vor allem den Basar."

Auf dem gleichen Cocktail erklärte mir ein alter afghanischer Beamter: „Hier wird nur Familienpolitik getrieben. Ließe man den liberalen Strömungen freien Lauf, die in Kabul, wenn auch nur verborgen, vorhanden sind, so würde es das Regime in fünf Jahren nicht mehr geben. Der Kommunismus kommt vielleicht in zwanzig."

Kabul, 24. Juli 1958 Herr Wilbrandt ist ein deutscher Landwirtschaftsberater im Dienst der Vereinten Nationen und hat wie wir früher in der Türkei gelebt. Er erzählte von einer Inspektionsreise nach Nordafghanistan: „Die Landwirtschaft liegt darnieder. Die Voraussetzungen für gute Ernten sind an sich gut, weil reichlich Wasser vorhanden ist, aber die Regierung betreibt eine falsche Preis- und Devisenpolitik. Die Bauern müssen auf einem Teil ihrer Felder Zuckerrüben anpflanzen, um die neue Fabrik zu beliefern. Das bedeutet harte Arbeit und niedrigen Gewinn, da die Fabrik schlechte Preise bezahlt."

Ähnliches gilt für Baumwolle und Getreide. Die Getreidepreise schwanken dauernd. Weder bei den Provinzverwaltungen noch in den Zucker- und Baumwollgesellschaften gibt es geschulte Fachleute. Das meiste Land ist Eigentum von Großgrundbesitzern. Auch das führt zu schlechter Bewirtschaftung. Nötig wären zunächst einmal eine bewusste Preisgestaltung und Lehrgänge für die Bauern. Das hat die Weltbank schon vor Jahren empfohlen.

Gulbahar, 29. Juli 1958 Die Textilfabrik Gulbahar liegt 80 km nördlich von Kabul, unmittelbar am Fuß von Fünftausendern. Sie wird mit verbilligten Krediten von Deutschen gebaut und eingerichtet: 50 000 Spindeln, 13 000 Webstühle. Sie ist unser Aushängeschild, das Paradepferd der deutschen Wirtschaftshilfe. Der Bau ist zu 80 Prozent fertig; die Spinnerei läuft gerade an, die Weberei soll im August folgen.

Ich gehe mit dem deutschen Bauleiter durch die riesigen kahlen Säle. Zwischen laufenden Spindeln verrichtet ein Beturbanter sein Gebet. Daneben arbeiten Kinder. Ich vermute, dass sie nicht älter als 13 oder 14 Jahre alt sind. Der Mullah arbeitet mit.

Ein afghanischer Ingenieur, der mit einer Deutschen verheiratet ist, verdient den Gegenwert von 250 bis 350 D-Mark im Monat; dazu hat er freie Wohnung. Ein Arbeiter bekommt 8 Afghani, also etwa 2 Mark am Tag, 60 im Monat. Wenn er, seine Frau und zwei Kinder zu jeder Mahlzeit nur ein halbes Fladenbrot essen, kostet sie das schon 6 Afghani.

Später, im Haus des Oberingenieurs, unterhalte ich mich mit den deutschen Technikern. „Die Afghanen, auch die gebildeten, wollen die Verschleierung der Frau beibehalten. Sie sagen: Sollen wir unsere Frauen zur Schau stellen? Und uns sinnlos mit Whisky betrinken?"

Das Verhältnis zwischen Deutschen und Afghanen sei während der Bauzeit schlechter geworden. Auf afghanischer Seite, gerade beim Führungspersonal, wuchsen die Ressentiments gegen die deutsche Arbeitsweise; bei den Deutschen stauten sich Ungeduld und Frustration über die der Afghanen. Unter den Deutschen gebe es abends an der Bar immer wieder Schlägereien.

Kabul, 27. Juli 1958 Mein Vorgänger hatte mir den irakischen Geschäftsträger als besonders gut unterrichteten Kollegen empfohlen. Als Moslem und Vertreter einer benachbarten Monarchie habe er leichter Zugang zu Prinzen und hohen Beamten als westliche Diplomaten.

Ich sprach zwei Wochen nach dem Putsch in Bagdad mit ihm. Die Monarchie war hinweggefegt worden, ihre Exponenten wurden ermordet. Der Kollege sagte, die afghanische Regierung sei sehr beunruhigt. Dagegen herrsche große Freude in der Mittelklasse, bei Intellektuellen und Hochschullehrern. Viele zeigten dies recht offen. Sie glaubten, als nächstes komme Iran dran, dann Afghanistan.

Herr Dahle, ein norwegischer Geograph, der seit 1957 Jahren amerikanische und russische Luftaufnahmen zu genauen Karten verarbeitet, glaubt nicht, dass Afghanistan mehr als 6 bis 8 Millionen Einwohner zählt. Die Regierung spricht von 12 Millionen. Das landwirtschaftlich oder für Siedlungen genutzte Land mache höchstens 3 bis 3,5 Prozent der gesamten Fläche des Landes aus.

Hochzeit auf dem Weg nach Paghman

Hochzeit auf dem Land

Kabul, 28. Juli 1958   Letzten Sonntag unternahmen Silvia und ich einen Ausflug in die Berge. An ihrem Rand ließen wir den Landrover stehen und gingen zu Fuß weiter. Unser Ziel war das Dorf Sabza Bagh in der Nähe von Paghman; uns reizte eine Gruppe mächtiger Platanen und das aus Lehm gebaute Gehöft, das dahinter stand und von Gärten und Feldern umgeben war. Nach zehn Minuten hörten wir aus einem Pappeldickicht das monotone Geräusch von Trommeln. Sofort änderten wir unseren Weg, wir wollten wissen, was da los war. Beim Näherkommen sahen wir zwischen den Stämmen eine Gruppe junger Burschen, die in wilder Bewegung tanzten. Als wir vor ihnen standen, hörten sie auf, aber sie luden uns ein, uns zu ihnen zu setzen.

Ein wunderschöner indischer Junge hockte auf dem Boden und schlug zwei Trommeln. Neben ihm stand, verängstigt, rot gekleidet, sein Schwesterchen, grüne und blaue Tupfen auf der Stirn, und schaute ihm zu.

Zwei der Buben tanzten weiter, aber nicht mehr so echt, so ausgelassen wie vor unserer Ankunft. Wir spürten, dass unsere Anwesenheit störte. Bald wurden wir wegkomplementiert und zu einer Gruppe von Männern geführt, die unter lichten Bäumen auf einem Teppich saßen und sich ruhig unterhielten. Wir setzten uns zu ihnen und warteten ab.

Nach einer halben Stunde kam ein weiß gekleideter Alter mit buschigen Augenbrauen und weißem Bart aus den Bäumen, ging schweigend durch die Versammlung und blieb scheinbar unbeteiligt stehen; dann setzte er seinen Weg fort. Alle Gäste standen auf und folgten. Wir wurden eingeladen, uns anzuschließen, und reihten uns in den langen Zug ein, der sich durch die heißen, besonnten Felder zum nächsten Dorf bewegte.

Am Rand der Häuser lagerten bereits etwa zweihundert Männer unter weit ausgreifenden Nussbäumen, alles kriegerische Typen, Patriarchen oder künftige Patriarchen. Im Hintergrund wurde gekocht.

Junge Burschen hackten Holz und schleppten Wasser heran. Als der gelbe Safranreis fertig war, wurde er zusammen mit Fleischstücken auf ein Dutzend große Schüsseln geladen und vor die Gäste gestellt, Man aß mit der rechten Hand aus den Schüsseln, wir machten mit. Auf den Hauptgang folgten spitze Kegel aus Süßspeise und Tee.

Jetzt trat der Mullah auf. Zusammen mit den Dorfältesten stellte er den Ehevertrag mit dem Brautpreis fertig. Dann ging er zum Bräutigam, der schüchtern in der Mitte stand, und band ihm einen neuen Turban um. Ein gemeinsames Gebet beendete die Zeremonie. Ein Verwandter warf Süßigkeiten über den neugebackenen Ehemann, seine Freunde feuerten ihre Gewehre ab.

Die Braut hatte inzwischen im Nachbardorf gewartet. Jetzt durfte der Bräutigam sie zum ersten Mal sehen und dann mitnehmen. Er stieg aufs Pferd, seine kleinen Brüder hinter ihm, und ritt hinüber, um sie abzuholen.

Wir verabschiedeten uns und wanderten ein Stück weiter in die Berge. Später rasteten wir unter riesigen Weidenbäumen auf einer kleinen grasbedeckten Plattform über dem Bachbett; man hatte einen schönen Blick auf Felder, Dörfer, Nomadenzelte und die blauen Bergketten hinter der großen Ebene, an deren Rand Kabul zu ahnen war.

Weit unten zog ein Musikzug durch die Ebene, unter einem Baum lagerte Vieh, Nomaden kehrten in ihr Zeltlager zurück. Wo anders ritt ein Mann mit seiner Frau auf einem Pferd durch die Felder.

Ein paar Wochen später wurden wir zur Hochzeit der Schwester unseres Kochs eingeladen. Sie fand in der gleichen Gegend statt, etwa anderthalb Stunden von Kabul entfernt in einem kleinen Weiler, der schon zwischen den Bergen lag. Silvia durfte ins Zimmer der Frauen kommen, in dem die Braut wartete. Sie hat das, was sie dort erlebte, in einem Brief an ihre Eltern festgehalten:

Die Braut saß wie ein Hügel unter einem großen Tuch in der Ecke des Frauenraums am Boden und rührte sich nicht. Um sie mir zu zeigen, wurde sie aus mehreren Schleiern geschält. Darunter erschien ein bis zur Entstellung weiß und rot geschminktes und mit Pailletten beklebtes Gesicht, die Augen waren geschlossen. Die Frauen erklärten mir, dass die Braut vor der Hochzeit drei Tage lang die Augen nicht öffnen dürfe. Während die anderen Mädchen tanzten und sangen, saß sie starr in ihrem Eck wie bei einem Trauerfall.

Nach einer Stunde kam der Bräutigam in Mantel und weißem Turban angeritten. Erst wurde vor dem Haus und im Beisein des Mullah und des Bürgermeisters der Kaufpreis der Braut bestätigt. Dann kam der Bräutigam etwas unsicher und gehemmt zu uns ins Zimmer, in dem die Braut jetzt stehend, aber immer noch verhüllt, auf ihn wartete. Er, wesentlich kleiner als sie, stellte sich neben sie, legte die Hand auf ihren Kopf und drückte sie zu Boden. Sie stand wieder auf. Nochmal dieselbe Bewegung, diesmal erfolgreich. Nun hockte er sich daneben.

Jetzt wurde das große Tuch, unter dem die Braut bisher verborgen war, über die beiden Hockenden gebreitet. Eine Alte hielt ihnen einen Spiegel vor die Augen. Im Halbdunkel des Raumes und des Überwurfs sahen sich die beiden zum ersten Mal. Mein Koch erzählte mir später, er hätte seine Frau schon vorher gesehen, aber dieses Brautpaar hätte sich wirklich zum ersten Mal im Spiegel erblickt, obwohl die beiden in benachbarten Dörfern lebten. Dann fütterten sie sich gegenseitig mit einem Mehlbrei und Saft; der Bräutigam hielt dabei einen offenen Koran in der Hand. Die Mädchen ringsherum amüsierten sich, es herrschte keineswegs eine feierliche Stimmung.

Schließlich verließ der Bräutigam wieder schüchtern das Zimmer, setzte sich draußen aufs Pferd und wartete, bis auch die Braut kam. Nun in ihre Tschadri eingehüllt wurde sie hinter ihrem Mann aufs Pferd gesetzt und mit einem blauen Tuch an ihn festgebunden. Zu zweit ritten die beiden den steilen Abhang hinunter. Die zurückbleibenden Frauen erhoben lautes Weinen und Wehgeschrei.

Mystik im Außenministerium

Kabul, 6. August 1958 Der Staatssekretär im Außenministerium ist ein geschliffener Gentleman. Er hat in Frankreich studiert, wirkt gebildet und drückt sich differenziert aus.

Am Rand eines Gartenempfangs unterhielten wir uns über Mystik. Er erklärte mir: „Der Sufismus ist nirgends so stark wie in Afghanistan. Wir haben viele Dichter, und jeder Dichter ist ein Sufi."

Dann erzählte er mir von mystischen Erlebnissen in Delhi, wo er Botschafter war. Er ging jeden Nachmittag zum Grab eines persischen Dichters, das in einem großen Park lag. Dort fanden sich Muslime, Hindus und Buddhisten ein, um zu meditieren. Er las am Grab die Gedichte des Toten. Dabei wurde er, wie er sagte, ganz eins mit ihm. Der mystische Sinn der Gedichte erfüllte ihn so total, wie er es nie zuvor und nie nachher erlebt hatte.

Als er seiner Frau, die in Kabul geblieben war, davon schrieb, antwortete sie, er werde wohl verrückt. Das sei aber keineswegs der Fall gewesen. Nach ein paar Stunden kehrte er jedes Mal in sein Haus zurück, zog sich um und ging zu Einladungen, ja zum Tanzen.

31. Dezember 1959 Silvia ist in Deutschland. Zu Silvester habe ich Mohammed Agir eingeladen, einen Kollegen aus dem afghanischen Außenministerium, der bis vor kurzem an der Botschaft in Bonn arbeitete und gut deutsch spricht. Mit großen, schwermütigen Augen, einem starken Schnurrbart und leicht asiatischer Gesichtsform sieht er aus wie ein etwas vergröberter Rilke. Agir ist ein weicher, nachdenklicher, ja schwärmerischer Mensch. Mich beeindruckt, wie er in fließendem Deutsch seine Begeisterung für sein Land und seinen Kummer über den Verfall der traditionellen Lebensformen formuliert. So verkörpert er besonders rein einen wichtigen Typ des afghanischen Mannes, den Dichter und Träumer.

Wir hören Musik, essen zu Abend, unterhalten uns. Er kommt immer wieder auf Bonn zu sprechen, sagt, wie schön es dort war – die Konzerte, die Universität, Freunde, Tanzen.

Ich frage ihn, was er am liebsten liest. – Persische Literatur. Es gibt so wunderbare Werke: Hafis, Omar Khayyam, Maulana. Goethe habe gesagt, er sei nur ein Tropfen gegen dieses Meer.

Ghazni ist heute ein schmutziges Dorf. Vor siebenhundert Jahren hatte Sultan Mahmud in Ghazni 600 Dichter an seinem Hof versammelt, alle größer als irgendeiner, der heute gefunden wird. Betaki war nur ein Sekretär von Sultan Mahmud, aber sein Werk, soweit es erhalten ist, ist bedeutender als alles, was nachher kam, so dichterisch und rein ist seine Prosa.

Er erzählt von seinem Lehrer Salahuddin Seldschuki, der Informationsminister war, Direktor der Zeitung Zhuandun; jetzt vertritt er sein Land als Botschafter in Kairo; der sei noch ein wirklicher Dichter, ein großer Philosoph; er habe alles im Kopf.

„Spielen die Sufis in Afghanistan heute noch eine Rolle?" frage ich. –Kaum mehr. Vielleicht auf dem Land, weit weg von der Stadt; aber die meisten Sufis sind nicht mehr echt. Sie simulieren Gefühle, Versenkung, in Wirklichkeit ist nichts dahinter. Früher waren die Sufis ganz große Menschen. Sie konnten mit unsereins spielen wie mit Puppen. Sie vergaßen alles und schufen sich ihre eigene Religion.

Je länger wir über dieses Thema sprechen, desto größer wird Agirs Begeisterung. – Man kann die Dichtung der Sufis stundenlang lesen. Das ist gewaltiger als die Musik von Beethoven; zärtlicher, lieblicher.

Wohnburg südlich von Kabul

Die besten zweihundert Verse von Maulana sind größer als die ganze europäische Literatur. Maulanas Freund Schams-e Tabrizi ging vollständig in Gott auf und glaubte, er selbst, alle Menschen und alle Dinge um ihn herum seien Gott. Davon handeln die Gedichte von Maulana. Ein anderer Sufi-Dichter wurde dafür hingerichtet, dass er sich als Teil Gottes bezeichnete. Während man ihm langsam die Glieder abhackte, lachte er und sprach Verse von unvorstellbarer Zartheit und Weisheit.

– Heute ist das alles anders. Afghanistan ist arm, weil der Geist der Wirtschaft und des Materialismus in unsere Gesellschaft eingedrungen ist, wir aber noch nicht zur Zivilisation gelangt sind. Wir stehen dazwischen. Das Alte haben wir verloren, das Neue nicht erreicht. In den Ämtern sitzen entweder die Alten; die kommen nicht mehr mit. Oder die, die zehn Jahre in Europa oder Amerika studiert haben; denen fehlt der Kontakt zum eigenen Land. Am schlimmsten dran sind die Jungen, die draußen nichts gelernt haben – die sind gar nichts.

– Früher gab es keine so großen Unterschiede zwischen den Menschen. Charakter und Moral waren besser, die Menschen viel glücklicher. Heute hat der eine gar nichts gelernt, der andere ist auf dem Dorf in die Moschee gegangen, der dritte war zehn Jahre in Deutschland oder 15 Jahre in Amerika.

– Es fehlt auch die Zeit. Wir müssen für einen kümmerlichen Lohn von früh bis spät arbeiten. Beim Gebet, am Morgen, muss man 100 Prozent zugewandt sein. Heute denkt man da schon an die Arbeit, ebenso wie beim Frühsport. Man kommt nicht mehr zum Denken. Früher waren die Moscheen offen. Man konnte sich hineinsetzen und lesen oder lernen. Heute geht das nicht mehr.

Ist denn die westliche Zivilisation wirklich so erstrebenswert; sie hat doch den Materialismus gebracht? – Ja, aber sie wäre wenigstens ein Weg zu etwas Richtigem. Sie würde uns

Zeit geben, um unsere Aufgaben zu lösen, und eine Form. Bei uns wäre es dann genau so wie Deutschland.

Früher – wann war das eigentlich? – Noch vor fünfzig Jahren. Erst nach dem Krieg hat das Wirtschaftsdenken eingesetzt, und alles, was damit verbunden ist.

Nicht schon mit König Amanullah? – Oh nein, der war ein großer, gütiger Mensch, stark im Geist. Er hatte eine große Vorstellung von Afghanistan, und er war sehr demokratisch. Er ging allein durch den Basar und setzte sich in die Teehäuser. Er hielt großartige Reden: Gott hat alles zum Erfreuen geschaffen, auch die Frauen. Man soll sie nicht unter dem Schleier verbergen, sagte er. Aber er konnte nicht warten, die schlechten Mullahs konnten ihn nicht ertragen.

Dann erzählt er von „früher": – Ich kann mich gut erinnern, wie ich klein war. Im Winter saßen wir jeden Abend um einen runden Tisch, unter dem ein Kohleofen stand, und hatten die dicke Tischdecke über unsere Beine gezogen. Wir, das waren mein Vater, meine Geschwister, unsere Onkel, Freunde. Auf dem Tisch standen Früchte, die schmeckten so gut! Mein Vater las mit seiner lauten, singenden Stimme aus dem „Buch der Könige" vor, oder Gedichte von Hafis oder Sufi-Gedichte. Dann unterhielten sich die Männer über die Gedichte oder sie erzählten von schönen Menschen und edlen Taten. Davon träumten wir nachts: gut und edel werden, stärker sein als der Andere, kämpfen und siegen. Das stärkte die Seele, besser als Vitamin B oder C. Jeder Abend war ein Fest. Die ganze Familie, mit allen Onkeln und Brüdern, wohnte in einem Haus. Oft gab es Musik mit dem Handharmonium, mit Trommeln und Gesang. Heute gibt es das alles nicht mehr.

– Die großen Dichter und Sufis haben vor tausend Jahren so geschrieben, wie wir heute sprechen, nur feiner, zärtlicher, größer. Shakespeare dagegen kann man heute kaum mehr verstehen. Alles Große, das der Welt gesagt werden musste, ist schon gesagt worden. Es ist nichts mehr zu sagen übrig, und es gibt niemand mehr, der etwas Großes sagt.

Kabul, 13. Januar 1960 Zum Abendessen ist Dr. Hafizullah Nasseri, ein Abteilungsleiter im Presseministerium, bei mir. Er war Nedschat-Schüler und hat in Deutschland studiert, daher spricht auch er fließend Deutsch. Ein ernsthafter, ehrlicher, höflicher Mann.

Vor dem Essen unterhalten wir uns über die Presse und über Politik. Er erzählt, dass Sabahuddin Kuschkaki, der Chefredakteur der Zeitung „Islah", einen Lebenslauf von Präsident Eisenhower übersetzt hatte, mit einem Kapitel „Verteidigung gegen das Vordringen des Kommunismus" oder so etwas Ähnliches, und den Artikel, ohne es vorher anzuzeigen, in seiner Zeitung veröffentlichte. Presseminister Rischtiya wollte ihm zur Strafe das Gehalt für eine Woche sperren, Außenminister Prinz Naim verfügte, schärfer, eine Woche Hausarrest.

So kommen wir rasch auf das große Thema: Amerikaner und Russen. –Niemand will sich wirklich mit der Sowjetunion einlassen, auch Prinz Daud, der Premierminister nicht. Aber wir können nicht mehr anders. Wir hatten die Amerikaner gebeten: Gebt uns so viel an Wirtschafts- und Militärhilfe wie Pakistan oder Iran. Ohne Erfolg. Das amerikanische Helmand-Projekt war ein Fehlschlag, der uns teuer zu stehen kommt. Wir müssen die immensen lokalen Kosten tragen und mit den Problemen der enttäuschten Bauern fertig werden. Pakistan sperrte uns die Grenzen wegen der Paschtunistan-Frage. Da sagte auch der König: Probieren wir es einmal mit den Russen.

– Die Amerikaner sind so ungeschickt, nicht nur im Großen, sondern auch im Kleinen. Sie verstehen uns nicht und behandeln uns von oben herab. Aber auch die Russen sind überall unbeliebt. Private Einladungen bei Russen gibt es nicht. Sie würden auch nicht angenommen; das ist verboten, außer zu ganz großen Veranstaltungen, zu denen auch der Minister geht.

Dann reden wir über Religion. – Wir erleben jetzt eine Welle des Materialismus. Das dauert noch eine Generation oder zwei. Aber ohne Religion kann kein Volk leben. Wenn es dunkel wird, fühle ich mich Gott ganz nah, da bin ich schwach und klein. In unserer Religion ist es verboten, sich Gott vorzustellen. Da hört der Verstand auf, er muss schweigen.

Ich frage ihn nach der Mystik, den Sufis. Nasseri reagiert mit einer so lebendigen, erfüllten Beschreibung seiner Haltung, ich kann das das gar nicht angemessen aufschreiben. – Sufis sind nicht von Geburt an auserwählt. Meistens waren es Bauern oder Arbeiter, also ganz einfache Menschen. Sie verlieren erst mit 40 oder 50 den „Geist", das heißt den Verstand. Sie gehen dann jahrelang in die Berge. Äußerlich verkommen sie, denn sie leben ganz für Gott. Sie fühlen Dinge, die weit weg geschehen oder vor langer Zeit geschehen sind.

– In der Altstadt von Kabul lebt Mir Baba. Seine Nägel sind lang gewachsen, seine Haare verwildert, seine Kleider zerlumpt. Er spricht kaum, gleich ist der Geist wieder weg. Kurz bevor ich Generaldirektor im Presseministerium wurde, war ich sehr unglücklich. Ich ging an Mir Baba vorbei. Er schaute mich an, streckte drei Finger aus und sagte dazu: hafta (Woche). Ich erwiderte: Ich verstehe nicht, Baba. Da nahm er seine Mütze und setzte sie mir auf den Kopf. Das bedeutet, man wird ein großer Mann. Drei Wochen später wurde ich zum Abteilungsleiter ernannt. Der Baba kennt mich gut. Als ich mich für das Studium in Deutschland bewarb, war ich unsicher, ob aus diesen Plänen etwas werden könnte. Mir lag viel daran. Ein Bekannter brachte mich zu Mir Baba. Der rief: Die Leute lassen mich nicht waschen, ich muss zuerst meine religiöse Waschung vornehmen! Die

Leute, die um ihn herumstanden, verstanden nicht, was er meinte. Ich sagte: Der spricht mit mir. Ich ging zum Fluss und vollzog die Waschung wie vor dem Gebet. Als ich zum Baba zurückkam, sagte er: Bete! Als ich das getan hatte sprach er mit mir. – Du willst wegfahren? – Ja, Baba. – Weit weg? – Ja, nach Deutschland. – Wo ist das? – Da hinten. – Weit? – Ja, sehr weit. (Die Babas verstehen das schon). – Gut, sehr gut. Du wirst gehen. Von da an waren alle Schwierigkeiten wie weggeblasen.

In Dschalalabad gibt es auch so einen Baba, Wali Dschan. Der läuft barfuß herum und schläft, wie Mir Baba, auf der Straße. Manchmal nehmen ihn die Leute im Lastwagen mit und setzen ihn irgendwo wieder ab. Einmal kam er zu meinem Bruder, der in Kandahar ein großer Arzt ist. Der Baba ging in den Hof, zeigte auf einen Hund, der dort lag, und sagte: Den will ich essen. Die Leute versuchten, den Hund für ihn zu fangen, schafften es aber nicht. Plötzlich packte der Baba ihn und hielt ihn fest. – Hat er nur Spaß gemacht? – Nein, und essen wollte er ihn natürlich auch nicht. Er war nur traurig, weinte und sagte: Mich ekelt, mich ekelt alles. Meinem Bruder sagte er, dass er blind werden würde; das traf später auch ein.

–Die Babas sind glückliche Menschen, die glücklichsten. Im Leben sind sie tot, gar nicht da. Aber dem wirklichen Leben, den wirklichen Kräften sind sie ganz nah.

Sind sie solchen Menschen jemals in Europa begegnet? – Nein, da ist die Atmosphäre ganz anders. Alle Menschen leben so eng zusammen und lassen sich von Ehrgeiz und Macht antreiben, der Himmel ist trüb und klein. Hier ist der Himmel klar und weit, man hat Platz und fühlt Gott und ist ihm viel näher.

Wir sprechen dann über persische Dichter. Ich frage Nasseri, was für eine Liebe Dichter wie Hafiz und Omar Khayyam meinen, wenn sie die „Liebe" besingen. – Sie meinen die

„richtige", die große Liebe! Wir unterscheiden zwei Arten von Liebe. Die eine dauert vom fünfzehnten Lebensjahr bis man vierzig oder fünfzig ist. Die wahre Liebe fängt erst mit 50 an. Trinken Sie nie ein Glas Wein oder einen Whisky? – Nein. Ich habe Leyla, meiner Frau geschworen, dass ich nie Alkohol anrühre außer Bier; das ist sehr schwach. Wenn Leyla einmal nach Deutschland kommt, wird sie vielleicht etwas trinken, dann trinke ich auch, nicht viel natürlich. „Die Leyla betet den ganzen Tag", sagt er voll Zartheit und Hochachtung.

Früher hatte Nasseri mir erzählt, wie es zur Heirat mit Leyla gekommen war: Leylas Vater war General. Er hatte zwölf Kinder, von einer einzigen Frau. Nasseri war Hauslehrer in der Familie. Kurz vor seinem Tod ließ der General Nasseri kommen und sagte: – Ich möchte, dass du die Leyla heiratest. Du bist ein anständiger Kerl, du gefällst mir. – Aber ich bin arm, ich habe kein Geld, ich kann nichts bezahlen! – Das macht nichts.

Der General starb, die Mutter richtete die Hochzeit aus, alles fügte sich. Die beiden kommen glänzend miteinander aus.

Tanzende Paschtunen am Nationalfeiertag

Nationalfeiertag

Kabul, 23. August 1958 Heute ist „Dschaschn", der afghanische Nationalfeiertag, der Tag, an dem Afghanistan 1919 durch einen Sieg über die Briten ein souveräner Staat wurde. Er wird mit einer großen Parade gefeiert, daran schließen sich ein einwöchiges Volksfest und eine internationale Messe an.

An der Parade vor dem König nehmen das Kabinett, das diplomatische Korps, andere Würdenträger sowie Menschen aus allen Teilen des Landes teil. Die Diplomaten sind im Frack; sie sitzen hinter der Loge des Königs und haben Zeit sich zu unterhalten und umzuschauen. Mit ihrem gelben Kostüm schaut Silvia inmitten der schwarz gekleideten Ausländer wie ein Kanarienvogel zwischen Staren aus.

Um Viertel nach acht fährt ein Strom von Autos und Omnibussen an der Ehrentribüne vor. Die Insassen stürzen heraus und nehmen Platz. Die meisten tragen Turban und Stammestracht. Es sind die Mitglieder der Großen Stammesversammlung, der Loya Dschirga, so etwas wie ein nationales Parlament, in dem die Führer der Stämme und ethnischen Gruppen über wichtige Fragen beraten. Das Volk, das außerhalb der bedachten Tribüne die Straße säumt, wird zurückgetrieben.

Kurz darauf rollt der König im offenen Rolls Royce durch die leergefegte Hauptstraße, zusammen mit den noch lebenden Brüdern seines Vaters und mit Prinz Daud, seinem Vetter, dem Ministerpräsidenten. Nach 12 Salutschüssen nimmt er in der Loge Platz, die Parade kann beginnen.

Zuerst marschieren die Soldaten, in Galauniform, mit präzisem Stechschritt an der Ehrentribüne des Königs vorbei, gefolgt von Panzern, Kanonen, Lastwagen und anderem Gefährt. Dann kommen die Vertreter aller Teile des Landes, meist in malerischer Stammeskleidung, zu Fuß, hoch zu Pferd oder auf Kamelen. Einer der Häuptlinge, der stolz auf einem Schimmel an der Spitze seiner Anhänger reitet, hält sein weiß gekleidetes Söhnchen auf dem Schoß.

Entlang der mit Fahnen geschmückten Straße drängen sich die übrigen Zuschauer, natürlich nur Männer. Die Frauen beobachten die Parade vom Dach der Lehmhäuser aus.

Kandahar

Kandahar, 22. April 1959 Im Basar von Kandahar stehen in jedem der offenen Läden frische Blumen, manchmal in einem Wasserglas, manchmal in einer Blechdose oder in einem groben, bemalten Tongefäß. Mir gefallen auch die Teppiche wegen der schönen hellgrünen und hellroten Muster. Unter dem Dach eines Gewölbes spielen zwei Musikanten auf Klarinette und Trommel immer wieder die gleiche Melodie; sie sehen wild und verhungert aus; sie hoffen, ein paar Münzen dafür zu bekommen. Die feisten Händler und Handwerker im dem halbdunklen Hof schenken ihnen keinen Blick. Aber als ich den Musikern ein paar Afghani gebe und sie nicht sofort Anstalten machen, zu spielen, sind sie zur Stelle, um sie an ihre Pflicht zu mahnen.

In einem anderen Laden sitzen zwei Graubärte vor einem riesigen Haufen Rosen und zupfen die Blätter von den Blüten. An den Wänden stehen dunkle Flaschen, es riecht schwer und süß. Die Rosenblätter werden mit einem großen Mörser zerstampft, zerrieben und mit Zucker angesetzt. Das Ergebnis ist eine „dawa", eine „Medizin", praktisch wohl eher eine Schleckerei. Sie riecht intensiv nach Rosen und hat einen eigenartigen Parfumgeschmack.

Kandahar, 23. April 1959 Ich besuche auch hier die Technische Berufsschule, die Deutschland fördert. Auf der Werkbank jedes Schülers steht eine Rose; sonst besteht der Raum nur aus Funktion und Arbeit. Strafgefangene mauern das Schultor. Der Soldat, der die Häftlinge bewacht, spielt mit einer Rose. Ein Rosenzweig mit sieben Blüten schmückt den übernüchternen Schlafsaal der Schüler, der vollgestellt ist mit zweistöckigen Betten. Am Morgen und am Abend liegt der Duft der Blumen über der Stadt.

24. April 1959 Alam, der Botschaftsfahrer, mit dem ich reise, sagt „bismillah" (im Namen Gottes), bevor er den Motor anlässt, „schukur" (danke), wenn er einen Schluck Wasser aus der eigenen Feldflasche nimmt. Als ich im Kadschakai-See bade, weit weg von dem Staudamm, den die Amerikaner gebaut haben, hat er Angst, ich würde in den Sog des Wassers geraten, das mehrere hundert Meter entfernt von meinem Badeplatz am Fuß des Dammes mit unglaublicher Wucht aus drei riesigen Röhren schießt.

25. April 1959 Wir wollen den Präsidenten der Konservenfabrik besuchen. Neben der Einfahrt zum Fabrikgelände sitzen ein paar Männer am Straßengraben. Im Garten steht ein stattliches Haus, der Wintergarten ist voll blühender Sträucher. Wir treten in die offene Türe, schreiten durch unbenutzte Räume, gelangen auf der anderen Seite des Hauses in den Garten: ein Meer von Blumen und Rosensträuchern. Um den Zementteich stehen Beete und hunderte bepflanzter Töpfe.

Jetzt erst folgt uns einer der Männer, die an der Straße auf dem Boden hockten. Es ist der Präsident der Konservenfabrik. Sein Freund vom Kabuler Außenministerium, der uns begleitet, tituliert ihn „Exzellenz".

Wir gehen zur Fabrik hinüber. Am Tor warten arme Frauen und malerische Turbanträger. Der weite Hof ist zur Hälfte mit Rosen und anderen Sträuchern bepflanzt, die andere Hälfte dient als Schrottplatz und Müllhalde. Auf einer Stange spaziert ein lahmer Rabe auf und ab.

Links im Hof befindet sich die Eisfabrik. Wasser tropft über rostiges Gestänge, innen stampfen Maschinen, Schwungriemen rotieren. Es riecht intensiv nach Ammoniak. In der anderen Ecke des Hofs steht eine elektrische Getreidemühle. Etwa zwanzig Frauen drängen sich mit ihren Getreidebündeln zur Maschine; manche halten Babys im anderen Arm. Andere hocken am Boden; sie sind ausgemergelt und wirken apathisch. Als wir fremden Männer vorübergehen, ziehen sie nicht einmal den Schleier vors Gesicht. Alle sind schmutzig und schwarz gekleidet. Hinten im Raum röhrt und bebt die Maschine und spuckt Staub aus. Ab und zu trägt ein weiß bepuderter Arbeiter einen Mehlsack durch die schwarz gewandeten Frauen. Manche von ihnen binden über den schwarzen Schleier ein weißes Stück Tuch vor das Gesicht wie eine Schürze. Das macht sie noch fremder, mumienhafter.

Einen Teil des Industriegeländes nimmt die Marmeladenfabrik ein. Sie steht still, denn zur Zeit sind keine Früchte reif. Ein paar Buben stehen im Raum herum. Unter den Tischen liegen verstaubte Flaschen und Büchsen. Etiketts garantieren: „Prepared under most hygienic conditions. Well known for flavor, freshness, purity and vitamins". Wir gehen weiter durch leere Säle. Eine Türe wird aufgesperrt: Man zeigt uns schön aufgebaute, sauber glänzende gefüllte Marmeladegläser, hell beleuchtet. Showroom, no sale!

Dann geht es zur Bonbonfabrik auf dem gleichen Gelände. Ein paar Jungen kratzen in heißen, sich drehenden Kesseln herum, daneben kocht ein schwitzender Schwarzbart am offenen Holzfeuer Zucker. In neuen, leeren Räumen stehen unbenutzte Maschinen, kaputte Kisten, Abfall, Schmutz. In einer Ecke rostet ein Dieselaggregat. Bis vor kurzem hat es ganz Kandahar mit Strom versorgt.

Ich frage, wo eigentlich die Konservendosen gemacht werden. Man führt uns in einen weiteren Raum. An den Wänden stehen, wie in einem alten Industriemuseum, einfache Handmaschinen, mit Staub bedeckt und tot. – Und wo verkauft man die Produkte? Hinter Basarhöfen und Verkaufsgassen, die nach Gewürzen duften, liegt ein großer Hof voller orientalischer Gerüche und Stapeln von Kisten. „Der dritte Laden von links". Flaschen, Gläser, keine Konserven. Ein kleiner Graubart zählt 100 und 500-Afghani-Scheine und lässt sich von uns nicht stören. Schließlich werfen wir einen Blick nach hinten. „Bedient euch!" Hier stehen zwei Pyramiden aus Obst- und Gemüsekonserven. Der Preis liegt 50 Prozent über dem, den man uns in der Fabrik genannt hat. Wir nehmen zwei Pfirsichdosen mit. Der Alte tut gnädig, als er unser Geld entgegennimmt. Dann fährt er fort, seine Scheine zu zählen. Bei dieser unternehmerischen Dynamik bleibt mir deren Herkunft ein Rätsel.

Reise durch das Hazaradschat

Im August 1959, ein Jahr nach Antritt meines Postens in Kabul, unternahm ich eine Dienstreise quer durch die Berge nach Herat. Ich wollte das wenig bekannte Zentrum des Landes kennen lernen. Mit mir fuhren ein amerikanischer Kollege J.T. Kendrick, die Frau des Leiters der deutschen Geologischen Mission, Renate Wirtz (nur im ersten Teil), deren Mann im Raum Herat arbeitete, sowie ein Dolmetscher und die Fahrer unserer beiden Geländewagen.

Diese Durchquerung wurde damals selten gemacht; gewöhnlich benutzte man die asphaltierte Straße über Kandahar. Der direkte Weg war schlecht, er führte über zahlreiche, zum Teil mehr als 3000 m hohe Pässe; es gab kein Hotel, keine Tankstellen, Läden oder Gaststätten. Wir übernachteten häufig im Zelt und führten Lebensmittel und Benzin mit. Man brauchte eine Genehmigung der Regierung und war bei allen Polizeistationen unterwegs angemeldet.

5. August 1959 Wir fahren früh an einem herrlichen Sommermorgen ab. Zunächst benutzen wir die breite Straße in Richtung Ghazni. Die Gipfel des Hindukusch schweben wie weiße Wolle über dem Dunst der Ebene. Dann geht es rechts ab nach Westen. Wo die Straße ansteigt, beginnt das Siedlungsgebiet der Hazara, die im Gegensatz zur sunnitischen Mehrheitsgesellschaft Schiiten sind. Nach einer Überlieferung gehörten sie zu den Stämmen, mit deren Hilfe Dschingis Khan und seine Nachfahren im 13. Jahrhundert große Teile Süd- und Westasiens eroberten. Heute sprechen die Hazara Persisch.

Reiter im Hazaradschat

Durch die Täler fließt viel Schmelzwasser. Einer der reißenden Bäche ist der junge Helmand. Wir picknicken an seinem Ufer und sprechen mit paschtunischen Nomaden, die die Sommermonate mit ihren Familien und Tieren im Hazaradschat verbringen und ihre Schafe und Ziegen nach Kabul auf den Markt treiben. Sie haben noch 10 Tage Wegs vor sich, dann kommen sie rechtzeitig zum einwöchigen Nationalfest, für das tausende Menschen aus dem ganzen Land in die Hauptstadt strömen. Dort bekommen sie einen guten Preis für ihre Tiere.

Die Dörfer der Hazara kleben zusammengedrängt an den Hängen. Die Lehmhäuser tragen Kuppeldächer, weil das Holz für Flachdächer fehlt. Die schmalen Felder wirken gut bestellt, weiter oben weiden Kühe. Manchmal durchqueren wir kahle, unfruchtbare Hochflächen.

Nach 270 km erreichen wir den Provinzort Pandschao (Panjab) und übernachten im primitiven Gästehaus der Polizei.

6. August 1959 Vor dem Neubau des Verwaltungsgebäudes erwartet uns ein deutsch-sprechender Arzt; er hatte die Nedschat-Schule in Kabul besucht. Seit vier Jahren lebt er in der Kreisstadt. Sie ist im Winter monatelang von der Außenwelt abgeschnitten. Am Nationalfeiertag gibt es in Pandschao einen großen Markt. Zahlreiche Nomaden kommen für das Fest in die „Stadt".

Vor der Abfahrt kann ich noch ein Bad im Fluss nehmen. Schwer beladene Männer wandern vorbei. Auch ihre Ware ist für den Markt in Pandschao bestimmt.

Am nächsten Morgen brechen wir um halb Neun auf. Zunächst folgt die Straße der engen Talsohle. An den weit hinauf reichenden Hängen sind Terrassen angelegt, die bewässert und sorgfältig bebaut werden; sonst gibt es nur spärliches Grün. Manche Dörfer wirken wie Festungen, andere eher wie Erdlöcher mit einem Lehmturm in der Mitte. Auf einem der

Pässe vermessen russische Ingenieure die Trasse der Straße. Interessant. Arbeiten die Russen schon hier im schwer zugänglichen Herzen des Landes?

Jeder Pass öffnet den Blick auf neue, grandiose Gebirgsketten. Die Straße wird schlechter. Viele Lehmburgen, an denen wir vorbeikommen, zerfallen. Ab und zu sieht man ein Nomadenzelt. Oft liegen Gerippe toter Kamele und Esel am Rand der Straße. Nachmittags erreichen wir das Dorf Daulat Yar. Hier übernachten wir. Weil es immer wieder über hohe Pässe ging, sind wir an diesem Tag nur 160 Kilometer gefahren.

Im Dorf gibt es nicht einmal Brot zu kaufen. Aber wir haben genug dabei. Wir schlagen in der Nähe die Zelte auf, springen in den Fluss und kochen später Erbsensuppe mit Würstchen. Zur Nachspeise gibt es frische Brombeeren.

7. August 1959   Als wir am Morgen noch ganz verschlafen aus dem Zelt schauen, stehen da acht Reiter und fragen, ob wir Russen seien. Wir verneinen. Jetzt sind sie beruhigt. Sie steigen ab und sagen, sie kämen von einem Nomadenmarkt. Um halb 11 erreichen wir den Kreisort Tschaghtscharan, eine der wenigen größeren Ansiedlungen im Hazaradschat. In der Mitte des Ortes liegt das schöne, gut erhaltene Rabat.

Rabat ist das afghanische Wort für Karawanserei. Die Entfernung von einem Rabat zum nächsten beträgt zu Fuß eine Tagereise, zwischen 15 und 20 km, mit dem Pferd schafft man zwei Rabate am Tag. Heute verfallen die ländlichen Rabate. Es gibt keine Karawanen mehr; Güter aus Herat oder Iran werden mit Lastautos auf der gut ausgebauten Straße um das Gebirge herum über Kandahar nach Kabul gebracht.

Vor dem kunstvollen Lehmtor liegt eine Teestube, daneben parken im Schatten eines großen Baums die Pferde. Während wir uns stärken, kommt ein Bote des Hakims, des Landrats, und bittet uns zu sich. Das Gespräch dauert drei Stunden und ist aufschlussreich.

Der Hakim ist Paschtune, er stammt aus Dschalalabad im Osten des Landes. Seine Familie ist dort geblieben, da es hier keine Schule für seine Kinder gibt. Er betont die Bedeutung von Bildung. Bisher gäbe es in seinem Landkreis keine einzige Staatsschule, nur Koranschulen, und die taugten nichts, weil sie nur Religion lehrten.

Der Hakim muss auch für Gerechtigkeit sorgen. Die einfachen Streitfälle werden von den Mullahs geschlichtet. Die Mullahs werden vom Dorf gewählt, die Wahl muss vom Hakim bestätigt werden. Die Religion sei die Basis für alles. Aber sie würde in Afghanistan schlecht gelehrt und schlecht gelebt.

Ein paar Stunden später kommen wir über einen 3200 m hohen Pass. Wir halten und steigen aus. Man hat ein Gefühl wie wenn man einen Gipfel erstiegen hat, die Bergketten und Spitzen um uns herum sind kaum höher. Wir frieren im kalten, sturmartigen Wind.

Am Fuß des Passes liegt ein riesiges Nomadenlager, ungefähr hundert Paschtunenzelte. Wir unterhalten uns mit den Männern. Fast alle Nomaden im Inneren des Landes sind Paschtunen. Im Winter ziehen sie in die warmen Ebenen Pakistans, in die Provinz Kandahar oder nach Herat.

Ich hätte gern hier gezeltet, aber wir müssen noch über einen weiteren Pass. Dann erreichen wir den Kreisort Schahrak. Heute haben wir 190 km zurückgelegt. Wir schlagen unsere Zelte neben einer Quelle am Rand des Dorfes auf, scharf beobachtet von ein paar Dutzend Männern, die schon auf uns gewartet haben. Wir folgen ihnen zu Fuß ins Dorf, um uns beim Hakim anzumelden. Auch in diesem größeren Ort findet der Verkehr zu Fuß oder zu Pferde statt. Vor vielen Häusern sind Pferde angebunden, durch die Gassen traben Reiter.

Der Hakim hat Urlaub, er wird vom Finanzbeamten vertreten. Dieser sagt, seine Hauptaufgabe sei es, die Steuern einzutreiben. Nicht nur Bauern und Händler seien steuerpflichtig; die Nomaden müssen pro Schaf oder Ziege 2,5 Afghani als Weidegebühr entrichten. Weitere Vertreter der Regierung seien der Richter, der Polizeikommandant und 35 Polizisten. Das meiste Land gehöre einzelnen Bauern, aber es gebe auch Großgrundbesitz. Nicht bebautes Land sei frei; die Weiden würden von den Nomadenchefs verteilt.

8. August 1959 Die ganze Nacht hat ein Soldat unsere Zelte bewacht. In der unberührten Klarheit des Morgens genieße ich den Blick auf die Berge und das enge Felsental unter uns.

Vom nächsten Pass aus sieht man in der Ferne inmitten von Feldern und Bäumen einen breiten Fluss, den Hari Rud. Er fließt von Tschaghtscharan durch enge Schluchten nach Westen, bewässert die fruchtbare Ebene von Herat und verdunstet nach 1100 km in der turkmenischen Wüste.

Eine Stunde später müssen wir ihn überqueren. Die Brücke besteht aus zwei Eisenschienen, über denen Holzbohlen liegen. Unser Fahrer zögert. Aber wir sehen keine andere Möglichkeit, ans andere Ufer zu kommen. Die Passagiere steigen aus und gehen zu Fuß über die Bretter, dann schieben sich die beiden schweren Landrover langsam vorwärts. Es knackt und kracht, immer wieder zerbricht eins der Bretter und taumelt in den Fluss. Alles ist gut gegangen. Später sehen wir, dass die Lastwagen nicht weit entfernt eine Furt benutzen.

Jetzt wird das Tal breiter, eng zusammengebaut. Kuppeldörfer liegen zwischen den abgeernteten Feldern, die schmale Kanäle durchziehen. Dazwischen lagern immer wieder Nomaden. Das Dach der lang gestreckten Zelte ist vorne offen. Es wird von Stöcken gestützt, in seinem Schatten ruhen die Großfamilie und oft auch Tiere. Wegen der Hitze wird nachts gewandert, am Tag rastet man.

Wo immer wir vorbeifahren, laufen die Kinder auf uns zu, so selten sehen sie Autos. Außer dem Lastwagen der russischen Ingenieure vorgestern ist uns in drei Tagen kein motorisiertes Gefährt begegnet.

In Tschischt, dem ersten größeren Ort dieser Region steht ein wichtiges Heiligtum. Hier entstand im 12. Jahrhundert der Sufi-Orden der Tschischti, der eine große Rolle bei der Verbreitung des Islam in Indien spielte. Auf einer Terrasse über dem Fluss liegt unter riesigen Kiefern die weiße Moschee, daneben flattern die bunten Fahnen eines Heiligengrabes.

Ich sitze lange vor den Ruinen eines weiteren Heiligtums. Nicht weit von mir hockt ein alter Pir, eine Art Volksheiliger, und liest.

Je mehr wir uns Herat nähern, desto fruchtbarer wird das Land. Die Berge treten zurück, sind aber immer noch hoch, große Höfe liegen in malerischen dunklen Hainen. Kurz bevor die Sonne untergeht, erreichen wir den Ort Aubeh. Ein paar Kilometer außerhalb des Orts gibt es ein neu gebautes Hotel mit Telefonanschluß , in dem wir übernachten und dankbar das gekachelte Hamam, das Hotelbad, benutzen.

9. August 1959 Der Hakim von Aubeh (Obeh) hat schon zweimal telefoniert und uns aufgefordert, mit ihm „Tee zu trinken", das heißt, ihm einen Besuch zu machen. Im dunklen Anzug erwartet er uns vor seinem Dienstgebäude. Er sagt, er sei Absolvent der Kabuler juristischen Fakultät und der dortigen Polizeischule; außerdem hätte er in den USA eine dreijährige Polizeiausbildung erhalten. Aber die Fragen, die wir auf Englisch an ihn richten, kann er kaum verstehen; er gibt nur törichte Antworten. Alles, was wir in Erfahrung bringen, ist, dass der Bezirk Aubeh 30 000 Einwohner hat und dass es eine sechsklassige Schule gibt, aber keinen Arzt.

Er fragt, ob wir das Dorf und die Umgebung besichtigen wollten und bietet uns Pferde dafür an. Wir nehmen seinen Vorschlag gerne an; Renate Wirtz lehnt dankend das Angebot ab, hinter ihm auf seinem Pferd Platz zu nehmen.

Es wurde ein mieser Ritt. Vor uns schritt ein dick uniformierter Soldat durch die brütende Sonne. Dann folgten ich auf einem winzigen klapprigen Gaul mit viel zu schwerem Sattel und meine Begleiter. Landschaftlich war der zweistündige Ritt durch den Ort, die Felder und vorbei an schön gebauten Lehmgehöften herrlich. Die Bauern waren beim Dreschen. Bis zu sechs zusammengebundene Ochsen stampfen, von einem Mann dirigiert, in Kreisbewegungen über die Getreidehaufen. Ein Stück weiter wurde das gedroschene Korn in die Luft geworfen, der Wind trennt die Spreu vom Weizen.

Anschließend besuchen wir die Schule. Angeblich wird sie von 200 Jungen besucht. Alles, was wir zu sehen bekommen, sind zwei Klassen mit je ca. 15 kurz geschorenen Schülern ohne Lehrer, die, schon von weitem hörbar, etwas Auswendiggelerntes herunter leiern.

Mittags kommen wir an einem großen ummauerten Garten vorbei. Wir fragen einen Bauern, ob wir hier picknicken dürften. Nach kurzem erscheint der Besitzer und lädt uns auf seinen prächtigen Söller ein. Der Wind streicht durch den offenen Raum; man hat eine wunderbare Aussicht auf das breite Tal und die hellgrauen Berge. Wir nehmen auf dem Boden Platz; dann warten wir. In Afghanistan lernte ich, wie schön es ist zu warten. Man wird vom Gastgeber in Ruhe gelassen, kann sich entspannen, oft hat man einen schönen Blick auf die Landschaft. Man weiß: die Dinge kommen auf dich zu. Nach zwanzig Minuten bittet man uns höflich in ein anderes Zimmer. Dort ist auf dem Boden eine große Tafel angerichtet, mit Melonen, Äpfeln, Trauben, Joghurt und harten Eiern. Der Gastgeber sitzt am unteren Ende, bei jedem Neuankömmling, auch bei unseren Fahrern, steht er auf, um ihn zu begrüßen.

Er erzählt, dass hier vor 25 Jahren noch Wüste gewesen sei. Er war früher Offizier. Nach seiner Pensionierung als General hätten sein Bruder und er Kanäle gegraben, Bäume gepflanzt und Felder angelegt. Jetzt sind sie prämierte Großgrundbesitzer, das sorgfältig bewässerte Land erstreckt sich 20 km entlang der Straße. Kürzlich sei der König hier gewesen, um zu jagen. Er hätte 50 Steinböcke geschossen und einen Wolf, allerdings mit Hilfe von 4000 Treibern. Zum Abschied schenkte er dem Grundbesitzer ein Pferd.

Kurz vor Einbruch der Dunkelheit erreichen wir Herat, wahrscheinlich die historisch interessanteste Stadt des Landes. Lange Zeit war Herat die Hauptstadt der Timuriden. Auch heute noch beeindruckt sie mit ihren weiten Basaren, Moscheen, riesigen Minaretten und einer halb verfallenen Stadtmauer.

Wir essen mit den deutschen Geologen zu Abend, die zur Zeit in dieser Region arbeiten. Das Hotelzimmer hat kein Fenster, es ist stickig und drückend heiß. Nachts stehe ich ein paar Mal auf und halte den Kopf unters Wasser.

10. August 1959 Ich stehe früh auf und wandere allein zu den mächtigen, sich nach oben verjüngenden Minaretten, die weit auseinander auf einer wie mir scheint leeren Fläche stehen, wahrscheinlich einem alten Gebetsplatz. Ihre Farben leuchten in der Morgensonne, die Berge dahinter liegen noch tiefblau in ihrem eigenen Schatten. Ich steige auf eins der Minarette. Es gibt keine richtige Treppe, nur Absätze und Steinhaufen. Ich habe Angst, freue mich aber über den weiten Blick auf Stadt und Gebirge.

Heute steht ein Ausflug nach Süden auf dem Programm, zusammen mit unseren Geologen. Wir fahren im Konvoi in Richtung Kandahar. Alle 20 Minuten wird Halt gemacht, die Männer schwärmen aus, hämmern auf den gefühllosen Steinen herum und tauschen sich dann mit wichtiger Miene aus.

Kurz hinter Herat überqueren wir den Hari Rud. In der Nähe der alten Brücke sprechen wir mit amerikanischen Ingenieuren, die gerade ihre Baustelle auflösen. Ihre Organisation hatte zwischen Kandahar und Herat fünf Brücken gebaut; hier wollten sie mit der sechsten anfangen. Aber vor einigen Tagen kam Weisung aus Kabul: Die Arbeiten mussten eingestellt werden. Jetzt übernehmen die Russen diese Brücke. Offenbar will die Sowjetunion die Amerikaner nicht so nahe an ihr zentralasiatisches Gebiet heranlassen. Die sowjetische Grenze liegt nur 80 km von Herat und dem Fluss entfernt.

Eigentlich ist die südliche Hälfte Afghanistans amerikanisches Einflussgebiet. Eine Querstraße, die wir benutzten, und der Hari Rud teilen die Einflusssphären. Die Brücke, vor der wir stehen, liegt auf der Seite der Amerikaner. Aber sie müssen sich dem – von den Russen bewirkten – Wunsch der afghanischen Regierung beugen.

In Adraskan, unserem heutigen Ziel, das 40 Kilometer weiter südlich an der Straße liegt, essen wir zu Mittag. Es gibt ein schönes Rabat. Auch hier verfällt das Gebäude, nur wenige Räume werden genutzt. Aber es gibt einen stattlichen Hof. Auf dem Gebetsplatz schläft ein Mann. Im Schatten der Platanen hat ein Schuster seine Werkstatt aufgeschlagen. Wir bitten ihn, uns für zwei Stunden Platz für unser Picknick zu lassen. Aus den dunklen Kammern des Rabats erscheinen weiß gekleidete Männer und beobachten uns neugierig, während wir die mitgebrachten Teppiche ausrollen.

Durch eine leere Tür klingt Gesang. In einer offenen Kammer hockt ein ernster, etwa 40-jähriger Mann, auf den Knien ein Saiteninstrument, und singt. Das tut er mit solcher Inbrunst, dass ich mich zu ihm setze und lange zuhöre. Zunächst wirkt sein Singen gleichförmig wie die Weite der Landschaft, ohne Halt und Grenze. Aber es steigen auch leidenschaftliche Koloratur-Arien auf, dann kehrt der Gesang zum Rezitativ zurück. Wir sind im Land der Mystiker.

In einer anderen Ecke des Hofs wird ein Pferd beschlagen und in die blendend helle Straße hinaus geritten.

Am späten Nachmittag besuchen wir Guzargah-e Scharif, einen Ausflugsplatz oberhalb von Herat. In der Nähe liegt ein berühmter Wallfahrtsort, das Grab des mystischen Dichters, Theologen und Lehrers Chodscha Abdullah Ansari (1006-1088), auch bekannt als Pir-e Herat, der von Herat aus wirkte. Als die Sonne untergeht, wird in singendem Ton zum Gebet gerufen. Der Gebetsplatz füllt sich mit schweigenden Männern. Sie treten ehrfurchtsvoll zur Seite, als ein Männchen mit weißem Bart erscheint, hinkend, am Stock, mit einem scharf geschnittenen Gesicht.

Jetzt beginnt das Gebet. Hundert Turbane beugen sich und richten sich wieder auf. Weiße Hemden flattern im Abendwind, der durch die Bäume braust. Über dem Gebetsplatz erscheint die schmale Mondsichel. Schön ist das lange Schweigen nach jedem Satz des Vorbeters und das Verharren nach jeder Bewegung.

Nach dem Gebet kommt der Alte auf uns zu und lädt uns zum Tee in seinen Garten ein. Als Abkömmling von Ansari ist er das Haupt der Familie, Chef der großen Anlage und eine der einflussreichsten religiösen Persönlichkeiten des Landes.

Die Wallfahrt ist eine wichtige Pflicht der Sufi-Anhänger. Jeder Gläubige, der das Grab besucht, kann hier beten, fasten und seine Übungen machen. Unterkunft und Verpflegung sind umsonst. Gewöhnlich studieren und meditieren hier etwa 200 Gläubige.

11. August 1959 Die Hitze macht mich den ganzen Tag schlapp. 39 oder 40 Grad sind eigentlich nicht so viel, wenn die Luft, so wie hier, trocken ist. Aber da ist noch der heiße Sturm, der über die Ebene von Herat braust.

Ich wandere in aller Frühe durch den Basar, schaue mir in der Gasse der Teppichverkäufer die Auslagen an und gehe dann hinüber zur Großen Moschee. In einer Ecke schläft ein armer Pilger, in einem Nebenraum wird geklopft und ausgemessen. Viele Jahrzehnte lang kümmerte sich niemand um die Moschee, sie verfiel. Jetzt wird sie seit 15 Jahren repariert. Mich fasziniert vor allem die Kachelwerkstatt. Alte Muster werden auf Papier gezeichnet, ausgeschnitten und die Teile auf die passenden farbigen Kacheln aufgeklebt. Dann schlagen die Handwerker die Formen mit axtartigen Werkzeugen zurecht. Schließlich fügt man die Teile zusammen. So entstehen kunstvolle bunte Ornamente, stilisierte Pflanzen, Zweige und Blumen.

Wir essen mit dem Schweizer Orientalisten Fritz Maier zu Abend und unterhalten uns über den Sufismus. Maier sagt, für die Sufis sei eine der wichtigsten Tugenden die Zufriedenheit. Sie betrachten Liebe als die Hauptkraft des Universums. Sufi sein heiße vor allem, sich vom Irdischen abzuwenden. Nichts an sich ziehen, nichts haben wollen.

Der zweite Teil unserer Reise war weniger spannend als der erste, auch kürzer. Renate Wirtz blieb bei ihrem Mann. J. T. Kendrick und ich fuhren entlang des sowjetischen Grenze durch Nordafghanistan nach Mazar-e Scharif. Dort nahmen wir das Flugzeug nach Kabul.

12. August 1959 Wir folgen zunächst der Straße in Richtung sowjetisch Turkmenistan. Sie ist nicht asphaltiert, aber vierspurig und gut befahrbar. Es herrscht „dichter" Verkehr; auf einer Strecke von 80 km begegnen wir 12 afghanischen Lastwagen. Nicht weit von der Grenze entfernt biegen wir nach Osten ab. Die Straße wird schlecht, oft kann man sie kaum erkennen. Es geht endlos durch hügeliges Gelände und über Bewässerungskanäle. Zwei alte Bauern, die wir nach dem Weg fragen, erzählen uns, sie seien Dschamschidi. Das ist ein persisch-sprachiger Stamm, der den Tschahar Aimaq zugerechnet wird. Diese mobilen Gruppen leben vor allem in den Provinzen Nord-West Afghanistans und fühlen sich weder mit anderen iranischen noch mit türkisch-mongolischen Völkern verwandt.

Am Nachmittag sehen wir wieder die drei Bettler die Straße entlang wandern, die wir schon am Vormittag überholt hatten. Diesmal geben wir dem Bedürfnis nach, den malerisch zerlumpten Männern, die sich in flehender Geste uns zuwenden, etwas zu geben und mit ihnen zu sprechen. Sie gehören einem Sufi Orden an, den Naqschbandi. Ihre Lebensweise sei bewusste Armut, schweigende Aufmerksamkeit und ständiges Denken an Gott.

13. August 1959 Am nächsten Tag folgen wir dem Murghab-Fluss und einem seiner Seitenarme. Die Berge sind weich modelliert und wirken wie mit Samt überzogen. Später wachsen, locker über die Hügel gestreut, Pistazienbäume. Über lange Strecken gibt es kaum Dörfer, da es wenig Wasser gibt.

Auch während dieser Tage begegnen uns riesige Züge von Nomaden. Die Männer kümmern sich um die Schaf- und Ziegenherden, die Frauen thronen majestätisch über Teppichen und Gepäck auf dem Rücken der Kamele, die von jüngeren Frauen geführt werden. Sie schlagen ihre schwarzen Zelte auf, wo Wasser in der Nähe ist.

In Qaysar lernen wir wieder einen Hakim kennen, der die Nedschat-Schule in Kabul besucht hat und gut deutsch spricht. Er macht keinen Hehl aus seiner Sympathie für den nördlichen Nachbarn, an den sein Distrikt grenzt. Zur Zeit Stalins seien viele Flüchtlinge nach Afghanistan gekommen. Jetzt wäre das nicht mehr der Fall, denn den Menschen in der

Sowjetunion gehe es gut. Es gebe Rede- und Religionsfreiheit, der Lebensstandard sei befriedigend, die Menschen könnten kaufen, was sie wollen.

Die nächste Provinzhauptstadt, Andkhoi, ist ein elender Ort. Er bekommt sein Nutzwasser aus dem Nachbarort Maimana, der offene Kanal wird nur jeden zwanzigsten Tag für 24 Stunden zur Entnahme von Wasser geöffnet.

In einem Teehaus unterhalten wir uns mit dort ansässigen Usbeken und Turkmenen, deren Vorfahren in Afghanistan Zuflucht gesucht hatten. Sie machen in Nordafghanstan mehr als die Hälfte der Bevölkerung aus, die andere Hälfte sind Paschtunen, deren Familien von Abdurrahman Khan in den 1880er Jahren hier angesiedelt wurden.

Hier hören wir andere Urteile über die Verhältnisse jenseits der Grenze. Im Vergleich mit ihren sowjetischen Verwandten würden die afghanischen Usbeken „im Paradies" leben; sie besäßen gutes Land und wären frei. Wer in der Sowjetunion blieb, hätte seinen Grundbesitz verloren und müsste in Kolchosen arbeiten. Alles gehöre dem Staat, für alles brauche man eine Erlaubnis, und die bleibe meist in der Bürokratie stecken.

Die afghanischen Usbeken sind Bauern, deren Lebensstil und Lebenserwartungen sich nicht von denen ihrer Vorfahren unterscheiden. Die Revolution im Nachbarland hatte zigtausend Familien vertrieben und Ängste auch bei denen ausgelöst, die auf afghanischem Gebiet lebten. Für sie ist es wichtig, dass ihre Religion und ihr Besitz nicht in Frage gestellt werden.

Anders der Hakim. Er gehört zu einer aufstrebenden Mittelschicht und auf Grund seines Berufs zu einer Elite, die im Wesentlichen in der Stadt lebt und sich dort der Moderne öffnet. Der Fortschritt trägt für sie ein westliches Gesicht: Geld, Zugang zur Welt, Wissen, schöne Häuser, Autos, unverschleierte Frauen. Aber ihr Posten in der Provinz wird schlecht bezahlt und unzureichend ausgestattet. Sie erkennen die Unzulänglichkeit des eigenen Systems. Aus ihrer Sicht ist die Regierung nicht stark, nicht entschlossen genug, um die notwendigen Reformen durchzusetzen. Viele geben der Religion die Schuld für die Rückständigkeit ihrer Kultur; die wirkliche Macht liegt bei den religiösen Würdenträgern und den großen Grundbesitzern, sie treffen die wichtigen Entscheidungen. Gleichzeitig sehen sie, dass im Nachbarstaat das Regime Entscheidendes bewirkt hat. Den Menschen geht es besser als früher und als im eigenen Land; es gibt mehr Gleichheit; die Wirtschaft arbeitet modern.

Aus diesen Erkenntnissen entsteht die Faszination der Sowjetunion, hier liegen die Wurzeln des afghanischen Kommunismus. Das hat mit Lenin und Stalin wenig zu tun.

14. August 1959 Am letzten Tag, kurz bevor wir Mazar-e Scharif erreichen, bestehe ich darauf, dass wir einen Umweg machen und Balch besuchen. Im Mittelalter war Balch ein Zentrum der persischen Kultur und ein wichtiger Knotenpunkt der Seidenstraße. 1207 wurde hier der mystische Dichter Maulana Dschalaluddin Rumi (1207-1273) geboren. Als wir durch die Stadt fahren, ist von der alten Größe kaum noch etwas zu sehen: die Ruinen einer schön geschmückten Moschee, eine wunderbare türkisfarbene Kuppel, ein paar Minarette und Mauern zerstörter Gebäude. Balch ist nicht viel mehr als ein Vorort von Mazar-e Scharif. Aber ich bin froh, hier gewesen zu sein.

15. August 1959 Am nächsten Morgen steigen wir ins Flugzeug und sind eine Stunde später, über dem Hindukusch tüchtig von Sturmböen durchgeschüttelt, zuhause in Kabul.

In den Stammesgebieten

25. September 1958 Ich fahre mit dem Staatssekretär im Kabuler Erziehungsministerium und seinem Abteilungsleiter für Berufsschulwesen nach Chost, einem Marktflecken im Südosten Afghanistans nahe der pakistanischen Grenze. Chost ist 300 km von Kabul entfernt. Bis vor kurzem war der Ort für Autos fast unzugänglich. Jetzt, nachdem es eine Straße gibt, rechnet man immer noch einen guten Tag für die Reise.

Chost liegt im Gebiet von paschtunischen Stämmen, die sich bis in die jüngste Vergangenheit erfolgreich gegen jeden Versuch der Regierung gewehrt hatten, Macht über sie auszüüben. Nun soll ihre Einstellung zum Staat und seiner Regierung durch „Entwicklung" verbessert werden. Zu den wichtigsten Projekten gehören die Gebirgsstraße, die das fruchtbare Tal von Chost an Zentralafghanistan anbindet, sowie eine Berufsschule, in der junge Paschtunen Holzverarbeitung – in der Region gibt es noch Wälder – und die Reparatur von Autos und Lastwagen lernen können.

Diese Schule wird von der deutschen Technischen Hilfe gefördert; in Chost leben und unterrichten seit kurzem drei deutsche Berufschullehrer. Sie will ich besuchen.

Die Reise eines Staatssekretärs war etwas Besonderes. Schon bevor wir das Stammesgebiet erreichten, waren in den größeren Ortschaften entlang der Straße die Kinder vor der Schule angetreten. Der Direktor erstattete Bericht, Tee wurde angeboten. Das Mittagessen gab es in der Provinzstadt Gardez. An einem langen Tisch im „Hotel" trug der örtliche Kulturdirektor die Wünsche der Provinz vor. Was bei mir hängen blieb: Die Schulkinder brauchen dringend Unterrichtsmaterial. Bis jetzt stellen sie Federhalter und Tinte selbst her.

Um halb 3 ging es weiter. Wir überholten riesige Kamelherden, angeführt von Nomaden, die in ihre Winterquartiere am Rand der Indus-Ebene zogen. Auf dem zweiten Pass, den wir überquerten, standen die ersten Bäume, Kiefern und Zedern. Alle waren verstümmelt und verkrüppelt, denn die Zweige werden immer wieder zum Feuer machen abgehackt und von Ziegen abgefressen. Man hatte einen großartigen Blick auf dünn bewaldete Berge, die sich steil nach unten windende Straße und die hellen Felder und Dörfer weiter unten im Tal. Jetzt betraten wir die Region der Stämme. Alle Dörfer in dem langsam breiter werdenden Tal waren Wehrdörfer. Selbst kleine Häuser besaßen einen klotzigen quadratischen Turm, manche hatten kein Außenfenster; in andere war eine offene Loggia eingelassen, in der dick eingepackte Babys schaukeln. Auf den Dächern lagen leuchtend gelbe Maishaufen zum Trocknen.

Alle Männer hatten lange Haare und ein Gewehr über der Schulter, die Frauen trugen rote Kleider und ein schwarzes Kopftuch; an Armen, Stirn und Brust, ja auch an der Nase hingen schwere Silberstücke.

Teile der Straße und viele Brücken waren vom Frühjahrsregen weggerissen und noch immer nicht repariert, sodass unser Wagen oft in das Flussbett ausweichen musste. Seit einer Stunde fuhr er nur mehr mit der Hälfte seiner Zylinder, die anderen waren nach und nach ausgefallen. Schließlich kamen wir gar nicht mehr weiter. Es war dunkel geworden. Am anderen Ufer des Flusses saßen Nomaden am Feuer. Die Frauen wandten der Straße den Rücken, man sah vor dem Feuer nur ihre Umrisse. In der Ferne hörte man rhythmisches Trommeln, Jauchzen, Gewehrsalven und Hundegebell.

Nach langem Warten näherte sich ein Auto. Drinnen saß der Hukumran, der Bezirksdirektor; er war begleitet von

Offizieren und dem Direktor der Berufsschule. Sie waren uns entgegengefahren. Wir stiegen in ihren Wagen um. Auch dann standen uns noch mehrere Stunden holperige Fahrt bevor.

Chost, 26. September 1958 Vom Fenster meiner Unterkunft im Gästehaus der Provinzverwaltung aus sehe ich eine grüne Ebene, auf der Vieh weidet, und auf fast kahle Berge. Die Felder sind abgeerntet.

Ich schaue mir die Schule an. Sie ist noch nicht fertig, aber der Unterricht hat schon begonnen. Zur Zeit arbeiten und schlafen 80 Schüler in dem einzigen gedeckten Raum. Zunächst einmal müssen die Buben Lesen, Schreiben und Rechnen lernen. In einer Klasse wird Lesen unterrichtet, noch im Freien. Offenbar handelt es sich bei den Schülern schon um Fortgeschrittene. Der Lehrer liest vor, aber nicht einen technischen Text, sondern ein Gedicht. Dann schreibt er es an die Tafel, die Schüler lesen es, einer nach dem anderen, laut nach.

Nachmittags setzen sich Männer aus den umliegenden Gehöften zu uns. Einer, der sein Bübchen im Arm hält, fragt: Hat Deutschland seine alte Größe wiedererlangt? – Noch nicht ganz. – Möge Allah ihm helfen. Wir sind bereit, alles zu opfern, selbst unser Leben, um für unseren Freund zu kämpfen. Deutschland hat auch uns geholfen, zum Beispiel in Sarabi (ein Kraftwerk am Kabulfluss). Machen die Deutschen in Sarabi schon Gewehre? Als ich Nein sage, ist der Mann enttäuscht.

Nachmittags besuchen wir einen alten Garten am Rand der Ebene von Chost. Wir fahren durch den Fluss in ein Dorf. Auf einem Büffel sitzend reitet ein Mädchen auf der Straße. Frauen treiben Büffel, jeweils sechs aneinander- gejocht, über die am Boden liegenden Reisgarben, um sie zu dreschen.

Ein Mullah kommt vorbei und bleibt eine Weile bei uns stehen. Er strahlt inneren Frieden aus, Heiterkeit, Freundlichkeit. Das bärtige Gesicht unter dem weißen weichen Turban ist etwas breiter, etwas gesetzter als das der Männer um uns herum. Auch er fragt nach dem Freund Deutschland und macht eine Handbewegung zur Kehle, um zu zeigen, wozu er und alle Paschtunen bereit wären, um ihn zu verteidigen.

Mir kommt immer wieder die Frau des Arztes in Gardez in den Sinn, die ich gestern beim Besuch des Frauenkrankenhauses sah. Der Mann: schmuddelig, unrasiert, fliehendes Kinn, schmutziges Hemd, wahrscheinlich krass unterbezahlt. Sie: drei kleine Kinder am Rock und auf dem Arm, das vierte unterwegs, arbeitet vormittags im Krankenhaus, das aussieht wie ein Fahrradkeller. Sie strahlte eine unglaubliche Ruhe und Freundlichkeit aus, strahlte überhaupt. Woher kommt dieses Leuchten? Vielleicht davon, dass die Männer sich nicht trauen, dass auch ich mich kaum traue, sie anzuschauen, dass sie, wenn sie nicht arbeitet, in ihren engen, dunklen vier Wänden bleibt?

Chost, 4. Dezember 1959 Über ein Jahr später besuche ich erneut die deutschen Lehrer der Berufsschule.

Der Gouverneur der Grenzprovinz ist gleichzeitig ihr militärischer und ziviler Befehlshaber. Als ich unschuldig zum Präsidenten für Berufsschulwesen, den ich nach Chost begleite, bemerkte, der Gouverneur nehme wohl ein persönliches Interesse an der neuen Schule, lachte er: Das stimmt schon, aber nicht nur so, wie sie meinen. Dann klärt er mich auf. Der Gouverneur betreibt mit seinen Soldaten die einzige Ziegelbrennerei des Tals und verkauft das Produkt für teures Geld an die Regierung. Das ist der Grund, warum in Chost viel gebaut wird. Regelmäßig geht ein Bau bis zum Dachstuhl schneller, als der Rest, an dem der Gouverneur kein „persönliches Interesse" nimmt. Dem Gouverneur gehört auch der

Markt von Chost, gedeckte Säulenreihen mit etwa 100 Läden. Haidar hält ihn für einen der reichsten Männer des Landes; auch in Kabul besitze er viele Häuser und eine Autowerkstatt. Zwei Söhne haben ein Praktikum in Deutschland absolviert und verkaufen jetzt Mercedes-Wagen; einer von ihnen tauge überhaupt nichts, er kam kaum durch die Schule, der andere sei ein richtiger Gangster, der mit dunklen Dingen – Waffen? Drogen? – handele.

Selbstverständlich essen wir beim Gouverneur zu Abend. Das ist keine Einladung, sondern ein Befehl. Gegen halb 7 Uhr finden wir uns bei ihm ein. Der Gouverneur sitzt, von ein paar Generälen und Zivilbeamten umgeben, in einem kahlen Zimmer. An den Wänden stehen grobe Lehnstühle, in der Mitte der Kanonenofen und ein Radio. Ich stelle aus Höflichkeit ein paar Fragen, dann ist der Gesprächsstoff erschöpft. Gemeinsam wird geschwiegen. Um 7 Uhr fängt der Generator an zu brummen, mit dem Strom geht das Licht an. Der Radio pfeift und quietscht, schließlich spuckt er indische Musik aus und wird Mittelpunkt unserer Aufmerksamkeit.

Um 8 Uhr ist das Essen bereit. Der Gouverneur schreitet als Erster in den Speiseraum und nimmt Platz, wir folgen in weitem Abstand. Auf der Tafel stehen Schüsseln mit verschiedenen Reisarten, Lammbraten, Fleischbällchen, gekochten Kartoffeln in einer fettigen Sauce, Spinat, Joghurt und Pudding. Außerdem zu Ehren des ausländischen Gastes paschtunische Gerichte, zum Beispiel Kitschiqurut: ein Berg breiiger, mit Linsen vermischter Reis, in dem ein kleiner See käsigen Joghurts ruht der mit geschmolzenem Fett bedeckt ist. Oder eine Suppe aus Brot, getrockneten Aprikosen, Paprika, Zwiebeln, Marmelade und gekochten Eiern. Es ist so viel Essen auf dem Tisch, dass mindestens zwei Drittel übrig bleiben. Bestimmt gibt es genug Personal, das sich darüber freut.

Während des Essens spricht niemand, so wie jedes Mal auf dieser Reise, wenn wir beim Gouverneur sitzen: am ersten Tag zum Tee und beim Abendessen, am zweiten beim Mittagessen und heute, am dritten Tag, wieder zum Abendessen. Ganz selten fällt ein Satz, dann wird weiter geschwiegen. Nach einer dreiviertel Stunde stiller Nahrungsaufnahme marschieren wir, wieder angeführt vom Gastgeber, zurück in den Salon. Zur Radiomusik gibt es Tee.

Mit herzlichem Dank verabschieden wir uns. Draußen hängt die Mondsichel am klaren, lauen Himmel.

7. Dezember 1959 Auf der Rückfahrt nach Kabul machen wir einen Umweg durch das Gebiet des Mangal-Stammes. Die Straße ist holprig und eng, nur mit Mühe und der Hilfe der Einheimischen gelingt es dem Landrover, die reißenden Flüsse zu durchqueren.

Die Berge sind bewaldet. Unten im Tal sieht man Kamelkarawanen, viele hundert Tiere stark, hoch beladen mit Bauholz, das sie nach Pakistan tragen. Im Hauptort wurde kürzlich eine Schule gebaut, die in ein paar Wochen den Unterricht aufnimmt. Der Lehrer ist ein Mangal. Der zuständige Erziehungsdirektor von Gardez war stolz auf diese Premiere. Zwei oder drei andere Schulen sollen im Nachbartal errichtet werden.Während Alam, mein Fahrer, die Reifen wechselt, suchen wir an einer Mauer Schutz vor der eisigen Kälte. Zwei Jungen, zehn und vierzehn Jahre alt, leisten uns Gesellschaft. Sie haben nichts an als eine Hose, ein zerrissenes Hemd und eine dünne gestickte Jacke; sie frösteln nicht einmal. Der nachlässig geschlungenen schwarze Turban flattert im kalten Wind. Etwas weiter unten baut eine Frau mit zwei halbwüchsigen Töchtern einen Webstuhl auf.

Ich frage die Buben: Habt ihr eine Schule? – Nein! – Gibt der Mullah Unterricht? – Ja, er lehrt uns den Koran. Später, beim Tee trinken, frage ich einen Alten: Wollt ihr denn keine Schule? – Nein! Dabei machte er eine Handbewegung um seinen Hals, als wollte er sagen: Nur über meine Leiche. Er sagt: Die Schule wäre das Ende unserer Freiheit, und sie bringt die Mädchen auf falsche Gedanken.

In Tanni hatte der Gouverneur die Stammesführer gefragt: Wollt ihr eine Wasserleitung von der Quelle in den Bergen? Die Antwort: Nein! Mit dem Wasser kommen die Soldaten.

Taschkurghan

Kunduz, 5. Juni 1960   Ich fahre mit Silvia im Landrover in den Norden des Landes, um die Deutschen zu besuchen, die dort in von deutschen Firmen errichteten oder mit Maschinen versehenen Fabriken tätig sind.

Im Hotel von Kunduz herrscht strenge Meldepflicht. Ein deutscher Ingenieur erzählte mir, das hinge immer noch damit zusammen, dass hier vor vier Jahren ein junger Amerikaner und seine schwedische Freundin verschwunden seien. Der Amerikaner, ein armer Student, der dieses Gebiet mit seiner Freundin primitiver als die meisten Afghanen bereiste, sei wahrscheinlich ein amerikanischer Spion gewesen. Die Russen hätten beide schon von Peschawar, also von Pakistan ab beobachtet, aber erst im Norden geschnappt und über die Grenze gebracht.

Das Ganze ist einer der geheimnisvollsten Vorgänge, von denen ich in diesen drei Jahren hörte. Ich forschte noch ein bisschen nach, auch bei den Amerikanern. Der Junge war der Sohn des amerikanischen Botschafters in Paris, Winant, sie eine junge schwedische Lehrerin. Beide hatten an einem Lager für Dorfentwicklung in Indien teilgenommen und fuhren per Anhalter durch Afghanistan. In Kabul übernachteten sie beim amerikanischen Pfarrer, dann wurden sie von Lastwagen mitgenommen, übernachteten in offenen Teehäusern, ließen sich das Essen schenken.

Ein schwedischer Journalist, der der Sache nachgegangen sei, soll berichtet haben, Winant hätte dem Mädchen immer Liebesanträge gemacht, sie hätte ihn aber abgewiesen. Daher sei die Stimmung gedrückt gewesen. Man verfolgte ihren Weg noch bis Schiberghan, weit hinter Mazar-e Scharif, dann hätten sich ihre Spuren in der öden Steppe zwischen Schiberghan und Andchoi, einem ärmlichen Turkmenendorf wenige Kilometer von der russischen Grenze entfernt, verloren. Kann man zwei Menschen entführen, ohne dass irgendjemand etwas merkt? Sind die beiden tot oder in Russland? Landete das Mädchen im Harem eines Turkmenenkhans? Darüber gab es nur Vermutungen.

In der gleichen Woche, in der dies passierte, starb ein paar Tagesreisen weiter, in Herat, ein deutscher Arzt. Die Afghanen behaupten, er habe Selbstmord begangen, mit seiner eigenen Pistole, als seine Frau den Wirtschaftsreferenten der deutschen Botschaft vom Flugplatz abholte. Das klingt mehr als unwahrscheinlich; die Frau war schwanger. Weitere Gerüchte vermuten, der amerikanische Student hätte eine Empfehlung an diesen Arzt bei sich gehabt; der hätte Foto- und Vergrößerungsapparate benutzt, die aus der amerikanischen Botschaft stammten und nach seinem Tod an sie zurück gegeben worden seien.

Der Arzt soll sich viel mit Flüchtlingen aus der Sowjetunion und mit Angehörigen von Minderheiten, besonders Turkmenen, beschäftigt haben. Er war einige Jahre zuvor schon einmal in Herat gewesen. Damals stürzte seine damalige Frau mit dem Flugzeug ab, als sie von Weihnachtseinkäufen aus Kabul zurückkehrte. Er habe sehr an seiner Frau gehangen – sie hatten drei oder vier Kinder – und sei nach Deutschland zurückgekehrt. Er heiratete wieder und ging auch mit seiner neuen Frau nach Herat. Es gab Gerüchte, der angebliche Selbstmord sei die Rache für eine missglückte ärztliche Behandlung gewesen. Aber das klingt wie ein Ablenkungsversuch. Die meisten Spekulationen kamen zu dem Schluss, alles spreche dafür, dass es sich um einen perfekten Mord an einem gegnerischen Agenten gehandelt habe. Der junge Winant könnte mit oder ohne Grund da hineingeraten sein.

Ein paar Jahre später sprach mich bei einer Besprechung in der Nähe von München eine Frau an und sagte, sie hätte auch einmal in Afghanistan gelebt, in Herat, als Frau eines deutschen Arztes, der ermordet wurde. Jetzt war sie Angestellte in einem Büro.

Baghlan, 6. Juni 1960 Die erste Gruppe junger Afghanen, die Anfang der zwanziger Jahre nach Deutschland zum Studium gingen, sollte eigentlich in Frankreich studieren. Aber die Deutsche Regierung machte König Amanullah so überzeugende Angebote, dass er akzeptierte. Die Studenten reisten von Kabul in vier Wochen zu Pferd über Herat nach Kuschka an der russischen Grenze; von dort benutzten sie die Bahn durch die Sowjetunion nach Berlin. Zuerst schickte man sie in die spartanische staatliche Bildungsanstalt, eine frühere Kadettenschule, wo sie zur Schule gingen, deutsch lernten und das Abitur nachmachten; dann folgte das Studium. Die Teilnehmer rühmen noch heute die Strenge und Härte, aber auch die Gerechtigkeit der Anstalt.

Taschkurghan, 7. Juni 1960 Das Gästehaus, in dem Silvia und ich untergebracht waren, lag in einem großen Park außerhalb der Stadt. In Taschkurghan selbst gab es zwar keine Deutschen; aber Taschkurghan ist, zusammen mit Ghazni, der malerischste Ort des Landes, den ich kenne; auch das Gästehaus im Park hatte es uns angetan. Und es war nicht weit nach Pul-e Chumri, Baghlan und Kunduz, wo Deutsche lebten.

Am Abend ging ich allein spazieren. Die Luft war immer noch heiß und drückend, obwohl ein leichter Wind aufkam. Das Licht des Monds drang mild durch den Dunst der großen Ebene, die vom Gebirge bis zur sowjetischen Grenze reicht, und gab den großflächigen Bergen im Süden eine milchige Färbung. Eine Gasse führte ins Innere des Ortes. Schwarze

Bäume hingen über die Lehmkuppeln der niedrigen Wohnhäuser. Ich wanderte zuerst entlang abweisender Lehmwände mit winzigen Pförtchen; dazwischen lag die Balkenhalle einer primitiven Moschee. Plätschernde Bewässerungsgräben kreuzten den staubweichen Weg.

Im Halbdunkel ritt ein Beturbanter unwirklich und lautlos auf seinem Esel vorbei. Männer standen am Hoftor, ein Hund bellte grell vom einem Kuppeldach herunter.

Auf der Steinbank vor der Karawanserei schlief ein Mann. Sein Pferd, neben ihm an der Wand angebunden, wieherte so laut, dass ich mich nicht traute, in das malerische Gebäude hineinzugehen.

Nacht voll von Geheimnissen und Ahnungen. Aber nicht Glutaugen, prächtige Gärten und Spezereien zaubert einem die Phantasie hier vor, sondern Misstrauen, Angst, Bedrückung, Verdacht, Spannung. Vielleicht ist es die Nähe der Sowjetunion, ihre gefühlte Gegenwart durch Agenten und Experten, die Beklemmung auslöst, oder nur die totale Fremdheit und das Bewusstsein, in Zentralasien zu sein. Ich bekomme Angst, festgenommen zu werden. Ist es nicht naiv, allein durchs nächtliche Dunkel zu streifen? Können die Filmvorführgeräte in meinem Landrover nicht als Spionagegeräte aufgefasst werden? Was habe ich überhaupt mehrere Tage in diesem verlassenen Nest zu suchen? Niemand wird mir glauben, dass es der herrliche, kuppelgedeckte Basar ist, der mich mehr als ein paar Stunden in dieser geheimnisvollen Stadt festhält, und das Gästehaus, in dem wir wohnen; sein Garten stammt noch aus der Moghulzeit. Ein Auto nähert sich mit abgeblendeten Scheinwerfern. Ich drücke mich in eine Ecke der Lehmmauer und atme den Staub ein, den es zurückgelassen hat.

Die Basarstraße von Taschkurghan

Taschkurghan, 8. Juni 1960 Ich komme vom Basar in Taschkurghan nicht los. Erst laufe ich lange durch eine heiße, offene Gasse; viele der Lehmhäuser verfallen. Dann fangen links und rechts offene Läden an, ein Dach aus mit Lehm bedeckten Balken deckt die Straße, später machen die kunstvoll gebauten Lehmkuppeln den Basar zu einem architektonischen Erlebnis.

Ein Malang, ein heiliger Bettler, mit den üblichen Attributen, zerfetzter Mantel, Horn und Bettelschale, geht schweigend zwischen den offen Läden herum und schiebt in jeden von ihnen eine Räucherpfanne in den Eingang; schnell, fast automatisch, ohne eine Reaktion abzuwarten. Auf der anderen Seite hocken zwei Bettler und schauen zu. In einer anderen Gasse windet ein Seiler gewandt und ohne abzusetzen verschiedene Stränge zu einem dicken Strick, sein Gehilfe dreht das hölzerne Gerät. Daneben spinnt ein weißhaariger Greis Garn aus einem riesigen weißen Baumwollbausch, ein kleiner Junge hält das Rad in Gang, auf dem der Faden aufgespult wird. In der nächsten düsteren Kuppelgasse hämmert ein Männchen mit bunter Kappe und dünnem Bart ein Metallstück zurecht. Daneben hockt ein beleibter Schuster hinter seinem farbig bemalten Holzgestell, auf dem Kopf ein weißer Turban, an den gekreuzten Beinen kostbar bestickte Schnabelschuhe. Er ist seine eigene Schaufensterdekoration. Ich komme durch Gassen mit Gewürzen, Fleischständen, Stoffläden, Auslagen mit Lederarbeiten, dem Stand eines Sattelmachers.

Ein Teehaus ist über einen Wassergraben und in baumbestandene Gärten hinein gebaut. Unter Platanen werden weiße Tonkrüge, blau glasierte Schüsseln und rote Töpfe angeboten.

Die Gasse weitet sich zum gedeckten Platz; die gemauerte Kuppel, die ihn gegen Sonnenglut und Regen schützt, zieren glasierte Stalaktiten und eingegipste bunte Tassen und Teller. Die Mauer ist mit Blumen und verbleichenden Ornamenten bemalt. Ein Stück weiter sehe ich den Fluss, an seinem Ufer ein surrealistisch angestrichenes Teehaus und die Reste der Brücke, die ein Unwetter vor kurzem weggerissen hat. Ein paar Bretterstege verbinden jetzt die Ufer. Sie sind wackelig und schwingen unter dem Gewicht der Passanten. Silvia traut sich nicht, sie zu benutzen.

Ein Kamel wiegt sich durch die schattig-dunkle Gasse, biegt ab in die Karawanserei, die inmitten des Basars liegt. Ein Esel wird beschlagen, ein schönes turkmenisches Pferd lässt müde den Kopf hängen. Schweigende, abweisende Blicke der Turkmenen, an denen wir vorübergehen.

Taschkurghan, 9. Juni 1960 Im alten Gästehaus treffe ich einen Staatssekretär vom afghanischen Bergbauministerium, auch er ist einer der „alten Deutschen". Ich kenne ihn ganz gut und wundere mich, dass er in dieser inoffiziellen Umgebung eigenartige Töne anschlägt: „Die Deutschen haben ihre alten Freunde vergessen; wir wissen schon: das Wasser fließt immer zur tiefsten Stelle!" Noch vor kurzem hatte ich seiner Tochter mit beträchtlichen Anstrengungen und nur dank der Stellung des Vaters ein Stipendium in Deutschland verschafft.

Abul kam von den Ölfeldern im Norden zurück, die die Russen ausbeuten werden, und fährt demnächst nach Moskau. Braucht er vor seiner Russlandreise ein inneres Alibi, muss er ein schlechtes politisches Gewissen beruhigen?

Attiq Rafiq in Baghlan war ein „Deutscher" der ersten Stunde, jetzt ist er Fabrikdirektor und Großgrundbesitzer. Als ich ihn besuchte, war er auf die gleiche Tonart gestimmt: „Wenn ihr Deutschen heute noch Politik machen würdet... Aber es ist nicht mehr viel mit euch los!" Der Wind wendet sich nicht zu unseren Gunsten.

In Taschkurghan leben zwei Polen, die beim Bau der Landstraße beschäftigt sind, sowie vier rumänische und vier russische Geologen. Amerikaner dürfen in solchen Berufen nördlich des Hindukusch nicht mehr tätig sein, Deutsche gerade noch. Keiner der Afghanen spricht es aus, aber es ist ein offenes Geheimnis, dass „die Russen" zwischen Amudarja und afghanischem Zentralgebirge eine informelle Kontrolle über die ausländische Präsenz ausüben.

In Pul-e Chumri arbeiten 70 oder 80 Russen am Bau des Elektrizitätswerks. Damit verbunden ist eine riesige Reparaturwerkstatt. Nach dem Urteil der Deutschen, die hier leben, ist sie viel größer und besser ausgestattet als nötig. Für Panzer?

Die Russen leben und essen in einem abgeschlossenen Areal. Bei Streit oder wenn sie sich nicht bewähren, wechselt man sie sofort aus. Sie unterstehen politischer Führung und Aufsicht, treten nie allein auf und treffen außerhalb der Arbeit so gut wie nie privat mit Afghanen zusammen. Angeblich gibt es außer den Dolmetschern unter ihnen keine Muslime oder Bewohner der Nachbarprovinzen, aber alle sprechen Persisch und sind gut vorbereitet. Sie geben wenig Geld aus, die Afghanen machen sich schon lustig darüber, und gelten als geduldig, fügsam und gutartig.

In Dschangalak, einer Holzfabrik in der Nähe von Kabul, bekommen die Russen 3000 Afghanis im Monat, zweieinhalbmal so viel wie unser Koch und ein Viertel des Gehalts einer deutschen Sekretärin. Davon schicken sie die Hälfte zu einem günstigen Kurs nach Hause, vom Rest leben sie.

Im gleichen Dschangalak wurden gerade die letzten Deutschen hinausgeworfen, weil einer von ihnen einen – unschuldigen – Beamten geohrfeigt haben soll.

Wanderung durch Nuristan

Nuristan ist eine kleine Region im Osten Afghanistans, nicht mehr als ein paar enge, langestreckte Täler, tief eingeschnitten ins Hochgebirge des Hindukusch. Die Flüsse besitzen besonders nach der Schneeschmelze eine solche Gewalt, dass sie fast senkrechte Gräben in das geologisch junge Gestein gesägt haben. Die Enge der Täler macht die Region schwer zugänglich. 1960, als ich sie besuchte, gab es keine Straßen. Die meisten Pfade waren so schmal, dass nicht einmal Maultiere sie benutzen konnten; viele Monate lang erreichte man die Dörfer nur zu Fuß.

Die Wissenschaft glaubt, dass die heutigen Bewohner Nuristans Reste indo-arischer Stämme sind, die vor 3 oder 4000 Jahren aus dem Hochland von Iran und den Ufern des Schwarzen Meers nach Nordindien wanderten. Zur Zeit unserer Unternehmung ging man davon aus, dass in ihren Dörfern 60 – 70 000 Menschen lebten. Der afghanische König Abdurrahman unterwarf die bis dahin Kafiristan genannte Gebirgsregion kurz vor der Jahrhundertwende und zwang den heidnischen Bewohnern den Islam auf. Aus Kafiristan (Land der Ungläubigen) wurde Nuristan (Land des göttlichen Lichts). Bis dahin hatten sie eine eigenartige, der indischen verwandte Religion bewahrt und hölzerne Götterfiguren verehrt.

Eines Tages fragte mich mein amerikanischer Freund J. T. Kendrick, der politische Referent der amerikanischen Botschaft in Kabul, ob ich Lust hätte, mit ihm durch Nuristan zu wandern. Er hatte überraschend die Genehmigung zum Besuch dieser verschlossenen Provinz erhalten und suchte Gefährten. Nach einer kurzen Rücksprache mit dem Botschafter sagte ich ja. Das war eine einmalige Gelegenheit, einen fast unzugänglichen Teil des Landes kennen zu lernen. Als dritter kam Nicholas Barrington mit, ein junger Kollege von der britischen Botschaft, der gut Persisch sprach. Außerdem nahm Kendrick einen Dolmetscher mit.

Nach unseren Informationen waren wir die ersten und für lange Zeit auch die einzigen Angehörigen ausländischer Botschaften, die in dieser geheimnisvollen, offenbar nicht ganz sicheren Region wandern durften.

6. Juli 1960 An einem heißen Morgen verließen wir Kabul in zwei Geländewagen in Richtung Pakistan. Nach vier Stunden zweigten wir bei Dschalalabad von der asphaltierten Straße ab, überquerten auf einer schwankenden Hängebrücke den Kabul-Fluss und fuhren nach Norden ins Gebirge.

Mittags rasteten wir am Ufer des Kunar-Flusses, der aus dem Hindukusch kommt. Unweit unseres Picknickplatzes beluden die Bauern Flöße aus aufgeblasenen Ziegenhäuten, das traditionelle Verkehrsmittel auf dem mächtigen Fluss. Rote Tongefäße wurden mit Strohseilen zu wackeligen Pyramiden aufgetürmt und auf die Fahrt geschickt, hinten stand der Steuermann und lenkte die schwimmende Insel mit einem langen Ruder. Manche Flöße bestanden nur aus einem prallen Balg, auf dem der Schiffer rittlings saß; größere waren mit Brettern und Bänken ausgestattet, auf denen ganze Reisegesellschaften Platz genommen hatten.

Gegen 14 Uhr erreichten wir noch im Siedlungsgebiet afghanischer Stämme die Kreisstadt Tschaga Serai. Das Marktgetriebe war noch in vollem Gang, zwischen Obstbäumen und Rosensträuchern waren große Haufen von Obst, Gemüse und Kleidern auf den Boden gebreitet. Wir waren angekündigt, man erwartete uns.

Der Bezirksvorsteher begrüßte uns mit zurückhaltender Würde, führte uns in einen kahlen Raum über dem Fluss und ließ uns eine Stunde mit Tee und Gebäck allein. Als er zurückkehrte, wurde er begleitet vom Hakim, dem Landrat der Petsch-Tals, der uns während der ganzen Tour begleiten sollte. Gleichzeitig traf eine Polizeieskorte ein, die das Innenministerium in Kabul uns zu unserem Schutz nachgeschickt hatte: ein Leutnant, zwei Unteroffiziere, ein Fahrer, alle in Ausgehuniform mit Schirmmütze und Pistole. Wir fragten uns, ob diese martialische Begleitung nicht unseren Ausflug belasten und die Bevölkerung feindselig stimmen würde. Später merkten wir kaum etwas davon, die Polizisten erwiesen sich als ausgesprochen nette Menschen.

Ein Stück konnten wir und unsere neue Begleitung noch mit dem Auto fahren. Die schmale Straße bog in ein Seitental des Kunar-Flusses ein, ins Tal des Petsch; diesem Fluss wollten wir in den nächsten Tagen bis in sein Quellgebiet entlangwandern. Die Berge rückten näher zusammen, der grün schäumende Fluss drängte Felder und Siedlungen die Hänge hinauf. Nach einer Stunde erreichten wir Manugi, das letzte größere Dorf vor dem Ende der Straße. Die fast fensterlosen Häuser, steil über das Flussufer gedrängt, wirkten abweisend.

Auf dem Dorfplatz erwartete uns ein Haufen schweigender Männer. Der Hakim wies sie an, sich um unser Gepäck zu kümmern, dann führte er uns zu seinem Büro. Es lag auf dem Dach seines Hauses, zusammen mit den Attributen seines Amtes: ein Telefon, ein Radio, ein kleiner Tisch, außerdem zwei Bettgestelle, auf denen wir Platz nahmen. Hier aßen wir mit den Würdenträgern des Dorfs zu Abend. Das Dach des Landratsamtes wurde auch unser Schlafzimmer. Als wir in unsere Schlafsäcke krochen, schien uns der strahlend helle

Mond ins Gesicht. Ein warmer Wind trug den Duft reifen Getreides zu uns herauf. Später wurde Vieh vorbeigetrieben.

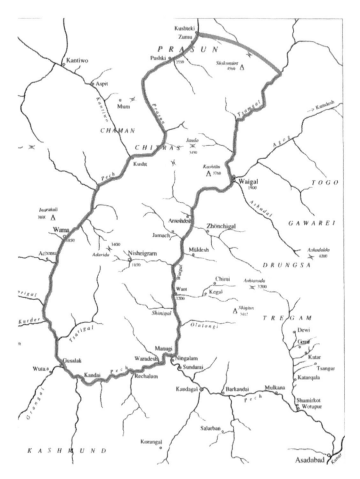

Wanderroute durch das östliche Nuristan*

---

* Karte (Ausschnitt) aus Max Klimburg: *The Kafirs of the Hindu Kush: Art and Society of the Waigal- and Ashkun-Kafirs.* 2 Bd., Stuttgart 1999.) Kartenabdruck mit freundlicher Genehmigung Max Klimburg.

7. Juli 1960 Noch bevor die Sonne aufgegangen war, liefen wir hinunter zum Fluss und sprangen ins Wasser. Dann fuhren wir weitere 30 Kilometer das Tal hinauf nach Kandai, einem kleinen Lehmdorf, in dem die Straße endete. Der Alaqadar, der „Gemeindevorsteher", bewirtete uns mit Joghurt und Früchten. Er war für viele Tage der letzte Vertreter des afghanischen Staates; in Nuristan gab es keine Regierungsvertreter.

Hier heuerten wir Träger an, zwei für jeden von uns dreien und einen für die vier Polizisten. Auch der Alaqadar bestand darauf, uns Begleiter mitzugeben, seinen Oberschreiber und einen jungen Einheimischen aus dem Petsch-Tal sowie einen weiteren Typen, von dem wir nicht herausbekamen, welche Rolle er spielte. Er sonderte sich in den Dörfern von uns ab und führte, wie uns schien, diskrete Gespräche. Wir vermuteten, dass er ein Agent des Kabuler Innenministeriums war.

Als wir abmarschierten, bestand unsere Karawane aus 18 Menschen: wir drei Ausländer, ein afghanischer Dolmetscher, drei Polizisten aus Kabul, vier Begleiter aus den letzten Dörfern und sieben Träger. Unterwegs begleiteten manchmal Freunde und Familienangehörige die Träger und nahmen ihnen Lasten ab, oft blieben Polizisten oder regionale Vertreter in einem Dorf zurück und stießen erst später wieder zu uns. Gewöhnlich wanderten wir drei allein voraus; Führer, Bewachung und Träger folgten im Abstand von einer halben oder ganzen Stunde.

Der Weg führte uns zunächst schattenlos, aber bequem durch Getreide- und Tabakfelder. Auf einem schmalen Balken überquerten wir einen reißenden Bach. Nach drei Stunden rasteten wir. Der Marsch in der Mittagshitze kostete mehr Kraft, als wir wahrhaben wollten, auch wenn wir nichts tragen mussten; die ganze Wucht der südasiatischen Julisonne staute sich in der Talsohle. Wir schliefen erschöpft eine Stunde im

Schatten einer mächtigen Platane, während die Träger eine Mahlzeit für die ganze Karawane bereiteten. Sie hätten mehr Grund gehabt, müde zu sein.

Als die Sonne hinter den Bergrücken über uns verschwand, überquerten wir ein Seitental. Hier endete das Siedlungsgebiet der paschtunischen Safi. Jetzt veränderte sich das Gelände. Die Felder hörten auf. Der Weg wurde so schmal, dass man ihn kaum mehr erkennen konnte. Häufig führte er über glatte Felsen, wo wir nach Spalten oder Tritten tasten mussten, um Händen und Füßen Halt zu geben. Manchmal wateten wir durch das eisige Wasser des Flusses, manchmal keuchten wir steil über ein Kar nach oben, um eine Felswand zu umgehen.

Plötzlich blieben wir stehen. Vor uns öffnete sich ein grandioser Blick. Unter uns lag, schon im abendlichen Schatten, der Fluss; man konnte sein helles Band bis tief ins Gebirge hinein verfolgen, bis zu einem noch von der Sonne beschienen Bergrücken: der Berg von Wama; unser erstes Ziel.

Wama ist eine der größten Siedlungen im legendären Nuristan. Hier beginnt ein anderes Land, eine archaische Kultur, Relikt einer geheimnisvollen Vergangenheit, die manche wegen der blonden Haare und dem hohen Wuchs der Bewohner auf Alexander den Großen zurückführen.

Erschöpft von dem langen Marsch und der Hitze suchten wir eine ebene Stelle, wo wir die Nacht verbringen konnten. Aber die Träger mit den Zelten waren nicht nachgekommen. Erst nach einer Stunde tauchte der erste von ihnen auf. Die anderen folgten viel später; sie hatten unterwegs gewechselt. Einige der Safi-Träger hatten sich geweigert, in das fremde Gebiet zu gehen. Mit großer Mühe war es unseren Begleitern gelungen, in einem hoch über dem Tal liegenden Dorf Ersatz zu finden. Die letzten Träger trafen nach Mitternacht bei uns ein. Sie machten ein riesiges Feuer und aßen singend und schwatzend die verdiente Abendmahlzeit.

Die Dächer von Wama

8. Juli 1960 Wir standen im Morgengrauen auf. Die Träger kochten Tee, dazu gab es Brot und Joghurt, dann marschierten wir weiter. An manchen Stellen schwappte der Fluss, der jetzt, während der Schneeschmelze, Hochwasser führte, über den Weg. Das hieß: Schuhe ausziehen, sich ein paar Meter höher über Felsabsätze arbeiten, der hellen glatten Spur folgen, die Generationen barfüßiger Bauern im Stein hinterlassen hatten. Jetzt kamen uns die ersten Nuristaner entgegen, mit voll beladenen Körben auf dem Rücken. An einer besonders unangenehmen Stelle reichten sie mir die Hand, zogen mich hinüber und schritten dann leichtfüßig über sie hinweg.

Mittags, in der flimmernden Hitze, sahen wir hoch über uns am Berg eine Art graues Gitter. Als wir weitergingen, löste es sich zu Waben auf, die Waben wurden zu winzigen übereinandergeschichteten Holzhäusern, die wie Schwalbennester am Hang klebten. Das war Wama. Die vielen Holzhäuser wirkten fast wie eine Stadt. Nach sechs Stunden Wandern in der zuletzt senkrecht über uns stehenden Sonne wurde gerastet. Die Träger machten Feuer und kochten Suppe. Bauern kamen vorbei, schauten neugierig, schwatzten mit den Trägern. Frauen mit Körben voll Holz und Heu auf dem Rücken schritten müde und fast ohne hinzuschauen über die Brücke neben dem Baum, unter dem wir saßen; sie bestand nur aus einem abgestützten Balken.

Als die Sonne hinter den Bergen verschwand, brachen wir wieder auf. Der Weg nach Wama wand sich in Steinstufen steil wie eine Kirchturmtreppe zwischen winzigen Feldern, Felsen und verkrüppelten Bäumen nach oben. Fast 400 Höhenmeter mussten wir so überwinden. Zweimal waren kleine Plattformen zum Ausruhen in den Abhang eingearbeitet.

Nach einer guten Stunde erreichten wir das Dorf. Die Häuser stiegen auf einem schmalen Felsvorsprung in jähen Absätzen an der Flanke des Tals hinauf. Sie waren aus grob behauenen Balken gebaut, die Fugen hatte man mit Lehm verputzt. Meistens berührte nur ein Streifen des Fundaments den festen Boden, der größere Teil des Gebäudes stand auf dem Dach des Hauses eine Etage tiefer oder stützte sich auf Balken, die im Fels verankert waren. Das ganze Dorf, das sich weit den Berg hinaufzog, hatte etwa 1500 Einwohner.

Vor den ersten Häusern erwarteten uns die Dorfältesten. Sie führten uns ohne viele Worte auf ein Dach. Von seinem Rand sah ich fast senkrecht unter mir den Fluss und, als Strich, die Brücke, über die wie Ameisen ein paar Menschen krochen.

Wir streckten uns erst einmal auf den Bettgestellen aus, die man für uns aufgestellt hatte, und ließen die Gewalt der Gebirgsszenerie und die Fremdheit des Ortes auf uns wirken. Aus den Dächern neben uns quoll Rauch. In groben Stoff gekleidete Frauen arbeiteten zwischen den Häusern; sie verschwanden blitzschnell, wenn sie merkten, dass wir sie beobachteten. Als es dunkel wurde, kehrten die Männer ins Dorf zurück. Sie beleuchteten ihren Weg mit Kienfackeln. Von oben sah das aus, wie Glühwürmchen, die ihre Bahnen ziehen.

Unsere Gastgeber saßen im Halbkreis auf dem Boden um uns herum. Der Malik, der Vorsteher dieses Teils von Wama, bot uns Tee und gezuckerte Nüsse an. Bis das Abendessen fertig war, vergingen Stunden. Wir hatten viel Zeit, um unsere Gegenüber genau anzuschauen. Die Männer trugen eigenartige Kleider. Den Kopf bedeckten flache Filzmützen; die weiten, von einem Gürtel zusammengehaltenen Jacken und die halblangen Hosen bestanden aus grobem Wolltuch. Es gab keine Knöpfe, alle Ränder fransten aus. Die Rückenstücke waren mit roten Ornamenten bestickt. Die vornehmeren von ihnen trugen einen Dolch im Gürtel.

Die Männer von Wama

Das Essen bestand aus Hühnern, die wir hier oben gekauft hatten; Reis und Tee hatten wir mitgebracht. Unsere Gastgeber freuten sich, dass wir auch sie dazu einluden, und langten, ebenso wie die Polizisten, kräftig zu. Wir hatten gehört, dass die Männer in diesem Teil von Nuristan wilde Tänze tanzen, den „Fledermaustanz" oder einen Tanz, bei dem die Tötung eines Geiers nachgeahmt wird. Als wir den Malik danach fragten, reagierte er verlegen. Der Mullah hätte so etwas verboten. Der Mullah sei ohnehin verärgert, dass Ungläubige ins Dorf gelassen wurden.

Inzwischen war der Mond aufgegangen und überzog die Dächer unter uns mit einem silbernen Schimmer. Sehr spät brachte man einen alten Mann auf unser Dach. Er zog ein primitives Musikinstrument aus schmutzigen Lappen, eine Art Lyra aus gebogenen Zweigen, über die ein paar Saiten gespannt waren. Ohne ein Wort zu sagen, begann er, an ihnen zu zupfen. Was er spielte, war eine tieftraurige Weise, ein monotones, rhythmisches Auf und Ab von drei oder vier Tönen, mehr gab das Instrument nicht her. Aber es vermittelte einen großen Zauber. Der Mann wirkte niedergeschlagen, melancholisch. Ich glaubte aus der Musik herauszuhören, was es bedeutet, unterdrückt zu sein und mit einer aufgezwungenen Religion zu leben.

Als der Malik sagte „Bas!"(Genug!), brach der Musiker unvermittelt ab und verschwand ohne Gruß in der Finsternis.

9. Juli 1960 Als ich aufstand, war der Himmel noch fahl, das Gebirge still und blass. Frauen kamen vorbei, schwere lederne Eimer voll Wasser auf dem Kopf.

Nicholas und ich wanderten vor dem Frühstück im Dorf herum. In einem höher gelegenen Teil sprach uns ein Weißbart an, lud uns auf sein Dach ein und bewirtete uns mit saurem Joghurt. Er erzählte Nicholas, der persisch verstand, als er jung war, hätten die alten Leute in Wama noch von dem

Fremden gesprochen, der als erster Europäer in die Täler Nuristans gekommen sei. Nicholas war sicher, dass es sich um Sir George Scott Robertson handelte, der 1890-91 von Indien aus, nur von einem Diener begleitet Kafiristan und die damals noch intakten Heiligtümer im oberen Petsch-Tal besuchte. Robertson beobachtete Rituale und Orgien mit Tänzen und berauschenden Getränken. Zwei Jahre nach seinem Besuch drang Emir Abdurrahman mit seiner Armee in die wichtigsten Täler ein, eroberte die Dörfer, zerstörte die Heiligtümer und zwang den Nuristani den Islam auf.

Nach dem Frühstück mussten wir über den Treppenweg zurück ins Tal gehen, dort führte der Pfad weiter ins Innere Nuristans. Heute fiel uns das Gehen leichter. Wir waren eingelaufen; der Weg kletterte nicht mehr ganz so wild über Felsen und Kare wie am Tag zuvor. Langsam wurde es auch kühler. So wanderten wir viele Stunden den Fluss entlang. Die Natur auf unserem Weg veränderte sich. Granatapfel- und Feigenbäume, Rosen, Buchen und Steineichen, die gestern am Weg standen blieben zurück; Nadelbäume ersetzten den Laubwald. Zartes Gras bedeckte den Boden.

Mittags passierten wir die Stelle, wo sich zwischen klammartigen Steiltälern zwei reißende Gebirgsflüsse vereinigten: der Kantiwo und der Petsch-Fluss.

Seit Wama hatten wir kein Dorf mehr gesehen. Hier begegneten wir einem Hirten, der aus dem oberen Kantiwo-Tal kam und Schafe vor sich hertrieb. Mehr oder weniger freiwillig verkaufte er uns einen Hammel. Am späten Nachmittag fanden wir unweit des Flusses eine schöne Wiese zum Zelten. Die Träger freuten sich über das viele trockene Holz, das überall herumlag, sie machten ein riesiges Feuer und schlachteten den Hammel. Gegessen wurde in streng getrennten Gruppen; die Nuristanis durften weder mit den Polizisten noch mit den paschtunischen Safi-Trägern oder mit uns zusammen essen.

Häuser in den Steiltälern Nuristans

Wir setzten uns zu den Kabuler Polizisten, mit denen wir Freundschaft geschlossen hatten. Man erzählte sich von seinem Land und seiner Familie, sang Lieder. Als ich einschlief, hörte ich noch lange die Gesänge der Träger und das Krachen des Holzes, das in der Glut zersprang.

10. Juli 1960 Nach dem Morgenbad im grünen Eiswasser tranken wir Tee und verzehrten die Reste des Hammels, dann wanderten wir weiter. Das Tal blieb eng, links und rechts stürzten Wasserfälle über die bewaldeten Felsen und setzten zwischen Kiefern, Föhren und Zedern ihren Lauf als freundliche Bäche fort.

Später weitete sich das Gelände. In der letzten Eiszeit waren die Gletscher bis hierher gelangt und hatten ein geräumiges U-Tal ausgehoben. Das war das Parun, eine Region, in der auch Hirse und Mais gedeihen. Noch wichtiger war die Viehzucht, die ähnlich wie bei uns in den Alpen betrieben wird, im Sommer oben in den Bergen auf Almen, im Winter unter Schnee und Eis im Stall.

In den Feldern jäteten Frauen das Unkraut und schafften Steine weg. Viele taten das im Liegen; offenbar war das die hier übliche Art, die Felder zu bearbeiten, wenigstens für Frauen. Manche trugen ein schlafendes Baby auf dem Rücken; die Männer saßen mit den größeren Kindern daneben, schauten zu und unterhielten sich.

Im Parun kümmern sich die Frauen um Haushalt und Kinder, bestellen die Felder und bringen die Ernte ein; sie tragen Holz und Heu ins Haus und weben. Die Männer gehen mit dem Vieh auf die Alm und sind zuständig für den mühsamen Transport und den Verkauf der Produkte in die Zivilisation. Wir trafen zwei junge Männer, die auf dem Weg nach Kandai waren, drei Tagesmärsche flussabwärts, wo wir unsere Wanderung begonnen hatten. Sie trugen schwere Lasten Butterfett auf dem Rücken, im Tal kaufen Händler das Fett und bringen es mit dem Lastwagen auf den Markt nach Dschalalabad. Mit dem Erlös wird Salz gekauft und auf die gleiche Weise nach Hause getragen.

Obwohl wir heute leichter gingen, fanden wir das Tagespensum lang: vier Stunden strenges Gehen vor der Mittagsrast, vier weitere bis Paschki, dem Hauptort des mittleren Parun-Tals.

Als wir Paschki erreichten, war es später Nachmittag. Das Dorf bestand aus ein paar Dutzend einstöckiger Holzhäuser auf einem Hügel 150 Meter über der Talsohle; viele von ihnen hatten keine Fenster. Dem Schutz vor Feinden dienten zwei mächtige Türme aus Natursteinen, in die die Bewohner flüchten, wenn Räuber aus anderen Tälern das Dorf überfallen.

Der Malik und einige Älteste empfingen uns auf einer Wiese, die zwischen zwei Bächen vor dem Dorf lag. Im Schatten von Weiden, Pappeln und Erlen hatte man schon die üblichen Tscharpais vorbereitet, hölzerne Sitzmöbel in Form eines Bettgestells, deren Sitzflächen aus geflochtenen Seilen besteht; auf diesen nahmen wir das Abendessen ein. In 2500 Metern Höhe war es unter freiem Himmel ziemlich kalt.

11. Juli 1960 Beim Frühstück leistete uns ein afghanischer Händler Gesellschaft. Er war am Vortag mit einer Ladung Steinsalz aus dem Norden Afghanistans in den Parun gekommen und hatte im gleichen Dorf wie wir die Nacht verbracht. Für die schwierige Strecke über mehrere hohe Pässe hatte er, sein hoch beladenes Pferd am Zügel führend, drei Tage gebraucht. Die Nordroute ist für Tiere leichter begehbar als unser Weg, der während vieler Monate nur zu Fuß zu bewältigen ist. In Paschki wollte er Fett und Schafwolle kaufen und auf dem gleichen Weg nach Nordafghanistan zurückkehren.

Wir wanderten weiter durch das Parun-Tal nach Norden. Nach drei Stunden erreichten wir Kuschteki, ein Dorf von

40 Familien. Ein Wasserfall schwebte wie ein sanfter weißer Schleier über den dunklen, verwahrlost wirkenden Häusern.

Hinter Kuschteki blieb das Tal mehrere hundert Meter breit und relativ flach, aber es gab längst keine Felder mehr. Der Wald wurde dünner, dann erreichten wir die Baumgrenze. Auf den satten Wiesen weidete Vieh.

Dann bildete der Parun-Fluss in der Mitte des Talbodens eine kleine Insel, auf der niedere, fensterlose Steinkaten standen. Das war Dewa. Später erzählte man mir, dass diese Steinkaten nur die obersten Teile von fast ganz unterirdischen Häusern waren. Diese konnten in der Regel nur durch einen niedrigen Eingang im „Oberstock" betreten werden. Über eine Leiter gelangte man dann hinunter in den Wohnraum. Die Insel, auf der ein Teil von Dewa stand, war eine Erweiterung des Tales. Auf der einen Seite strömte der Hauptfluss vorbei, auf der anderen ein kleiner Nebenarm, der unschwer auf Holzbrücken überschritten werden konnte.

Mehrere Pfade liefen hier zusammen; links und rechts kamen sie hell und zart über die Flanken grauer Seitentäler herunter, einer folgte dem Hauptal. Auf einer Wiese vor dem Dorf rasteten wir. Nicht weit von uns wuchsen wilde Rosen.

Die Männer und Buben aus dem Dorf liefen herbei und hockten sich um uns herum. Als Mittagessen bot man uns gebratene Forellen aus dem Bach an. Hier wurden auch die Träger ausgewechselt. Wir mussten den Trägern aus Wama schriftlich bestätigen, dass sie nicht mehr für uns verantwortlich waren. Neue Freiwillige zu finden war schwerer, als wir gedacht hatten. Die Männer in Dewa waren stolz; sie sahen nicht ein, warum sie für Fremde Lasten tragen sollten.

Die Sonne sank. Wir mussten heute noch ein gutes Stück weiter kommen, wenn wir am nächsten Tag den 4500 Meter hohen Drumgal-Pass bewältigen wollten. Schließlich brachen wir mit den Safi-Trägern auf, die uns von Anfang an begleitet hatten, und vertrauten darauf, dass der Rest des Gepäcks schon irgendwie folgen werde, dafür würden unsere einheimischen Begleiter sorgen.

Jetzt begann ein steiler Anstieg. Wir verließen den Talboden und folgten einem Pfad in dessen östliche Flanke. Buschrosen und Vergissmeinnicht säumten den Weg, junge Mädchen, malerisch in roten Hosen, hellen Mänteln und mit einem schwarzen Tuch über dem Haar, hüteten Lämmer auf den steilen Wiesen; sie kicherten, als wir schwerfällig und schwitzend vorbeistapften. Nach einer Stunde holten uns die neuen Träger ein.

Der Weg querte jetzt öfter Schneefelder, dann wieder versperrten Kuhherden den Weg. Eine halbe Stunde lang stiegen wir durch eine Schlucht, deren Boden aus hartem Eis bestand, darunter dröhnte ein Gebirgsbach.

Jenseits der Schlucht lagen, kaum erkennbar, ein paar Steinhütten. Das war eine Banda, eine nuristanische Alm. Die Senner begrüßten uns freundlich; sie waren Verwandte der neuen Träger. Wir hockten uns in eine der Hütten zusammen mit Trägern, Hirten, Ziegen und Kälbern und löffelten Milch aus schweren Holzeimern.

Hier blieben wir. Während wir die Zelte aufbauten, hielten die Polizisten die neugierigen Kühe in Schach. Am Abend wurde es sehr kalt und stürmte. Wir gaben eins unserer beiden Zwei-Mann-Zelte den Polizisten. Dankend drängen sie sich zu viert hinein, während wir drei uns im zweiten Zelt zu wärmen versuchten.

Das Feuer verglühte in schwarz-roten Kloben. Ab und zu blökte ein Kalb. Später legte sich der Sturm und strich als sanfter Wind um die Felswände und Zelte.

12. Juli 1960 Wir tranken im Stehen die heiße Milch, welche die Hirten vorbereitet hatten, um uns und sich zu wärmen.

Um halb 7 waren wir wieder auf dem Weg und staksten durch Schnee, Felsklötze und Latschen.

Es ging steil bergauf. Im Abstand von ein bis zwei Stunden kamen wir an weiteren Almen vorbei; sie lagen zwischen Schneefeldern und waren noch nicht bewohnt. Am Ufer der Bäche fanden die Träger wilde Rhabarberstauden, mit denen sie ihren Durst löschten. Wir mussten immer wieder verschnaufen. J.T. Kendrick's Höhenmesser zeigte 4000 Meter an. Die dünne Luft, die intensive Sonne setzten uns zu. Unsere Träger aus Dewa störte das überhaupt nicht. Wenn wir eine Pause einlegten, machten sie ihre Späße. Sie taten so, als würden sie sich streiten, lachten aber dazu, dann brachen sie in Gesang aus und tanzten. Mit den Lasten auf dem Rücken schwangen sie ihre Wanderstöcke und hüpften im Rhythmus ihres Liedes im Kreis herum.

Die Schneefelder wurden steiler, der Blick weiter. Am Horizont tauchten immer neue Wellen blauer Bergkämme auf, schließlich auch der Hauptkamm des Hindukusch. Über die scharfen Grate drückte der Wind kalte Wolken.

Die letzten zwei Stunden vor der Passhöhe führte der Weg über ein zusammenhängendes Schneefeld, unter dem sich wahrscheinlich ein Gletscher befand. Anfangs war es noch angenehm, über den harten Firn zu laufen, später weichte die Sonne den Schnee so auf, dass wir bei jedem Schritt einsanken. Manchmal brach man bis zum Bauch ein.

Kurz vor Mittag erreichten wir die Höhe des Drumgal-Passes. Müde und schnaufend schauten wir uns um – und waren überwältigt. Von allen Seiten umgab uns ein Ozean gewaltiger Bergketten, im Norden weiß wie Eisberge, die über einem erstarrten Meer dunkler Wogen schwammen; auf der anderen Seite schwarz, böse, unnahbar.

Einige der Safi-Träger und zwei Polizisten waren höhenkrank. Auch uns Europäern war es schwindelig. Dankbar für die Wärme der Sonne streckten wir uns auf einem trockenen

Felsen aus. Einer der Blondbärtigen zog seine Holzflöte heraus und spielte ein lustiges Lied.

Die Träger trieben uns aber bald weiter. Sie fürchteten, der Schnee würde so weich werden, dass wir später nicht mehr durchkämen. Dann hätten wir in 4500 Meter Höhe übernachten müssen. Keine angenehme Aussicht. Jenseits der Passhöhe rutschten wir auf den Schuhen und dem Hosenboden über die Schneefelder. Unter uns tauchten eisbedeckte Gletscherseen auf, dann die Flanken des Waigal-Tals.

Tief unten sah man Wiesen und Wälder. Auch hier wurde der Schnee tückisch. Die Träger, die barfuß durch die Sülze wateten, brachen immer wieder bis zu den Hüften ein.

Am frühen Nachmittag kehrten wir in die Zone des Frühlings zurück. Am Rand der Schneefelder blühten Schneerosen und Anemonen; später auch Krokus, Primeln und Federnelken. Mannshohe Asphodelen hatten sich geöffnet und leuchteten in der sinkenden Sonne wie Fackeln; zwischen ihnen tauchten Schaf- und Kälberherden auf; sie verschwanden fast hinter den breiten Blättern der Pflanzen. Hirten starrten die Fremdlinge an und hielten ihre wütenden Hunde zurück.

Nach vier Stunden steilen Abstiegs erreichten wir unser heutiges Ziel, eine Banda, eine Alm, die Verwandten unserer nuristanischen Träger gehörte. Sie saß auf einem schmalen Sporn, der aus der Bergflanke sprang; ein paar alte Eiben klammerten sich an seinen Grat. Zwischen ihren Stämmen hatte eine primitive Steinhütte Schutz gefunden, etwas höher lag eine weitere. Hier konnten wir bleiben. Wir waren hungrig und müde, aber glücklich über die gelungene Passüberschreitung.

Der Abend auf der Banda war der Höhepunkt unserer Wanderung. Wie nie zuvor in Afghanistan, viel intensiver auch als während der letzten Tage, lebten wir in einer archaischen Welt, spürten ihre Kraft und ließen uns von ihrer Fremdheit gefangen nehmen. Für ein paar Stunden glaubten wir, in die

Steinzeit versetzt zu sein und am Leben vorgeschichtlicher Menschen teilzunehmen.

Die Senner der Banda, fünf oder sechs kleingewachsene Männer mit Filzmützen und dünnen Bärten, empfingen uns freundlich und boten uns Milch und Joghurt an. Seit dem Frühstück hatten wir nichts mehr gegessen; nach neun Stunden Marsch ohne richtige Rast fühlten wir alle uns auch wegen der immer noch großen Höhe ein bisschen krank. Dankbar genossen wir daher die Freundlichkeit dieser fremden Menschen.

Die Polizisten sorgten für das Abendessen. Sie kauften einen kapitalen Ziegenbock; die Hirten fesselten ihn, legten ihn über einen Felsen und führten einen festen Schnitt durch seine Kehle. Ich zwang mich, zuzuschauen, wie das Tier starb. Nach islamischer Vorschrift muss ein geschlachtetes Tier ausbluten. Der Bock zappelte und bäumte sich auf, als wolle er sich von seinen Fesseln befreien. Das dauerte lang. Mit jeder Zuckung schoss Blut aus der klaffenden Wunde und floss über den Stein in die Wiese. Die Senner vergrößerten bedächtig den Schnitt, dann endlich fiel der Kopf zu Boden. Kurz darauf lag das Tier weiß, abgehäutet und verstümmelt auf dem Felsen, die nackten Beine nach oben gestreckt.

Wir brauchten lange, bis wir einen geeigneten Platz für die Zelte gefunden hatten, nirgends gab es eine ebene Stelle. Schließlich blieb nichts anderes übrig, als Plätze aus dem Hang herauszugraben. Die Hirten halfen uns dabei. Der Oberhirte, auch hier Malik genannt, kniete nieder und fing an Steine und Erde wegzuräumen. Dazu benutze er einen scharfen Steinkeil. Plötzlich wurde mir bewusst, dass ich auf der Banda außer dem Messer und einem Beil noch kein Stück Eisen gesehen hatte. Die Eimer waren aus Holz, die Türangeln aus Leder, zum Graben wurde ein scharfer Stein benutzt. Die Menschen hier lebten in einer weit zurückliegenden Vergangenheit. Dazu passten ihr kleiner Wuchs und ihre selbst gewobenen Kleider. Unsere Zelte wurden wie Wunder bestaunt.

Der kleine Malik war eine eigenartig starke und zugleich sanfte Persönlichkeit. Wo immer er auftauchte, trat er würdig und bescheiden auf. Neben Autorität strahlte er Melancholie und Güte aus.

Nach und nach erfuhren wir mehr über das Leben auf der Banda. In den insgesamt vier Steinhütten lebten nicht nur die sechs Hirten, sondern auch fast ein Dutzend Kinder zwischen anderthalb und vier Jahren; darunter waren auch Mädchen. Alle waren gesund und vergnügt. Sie spielten mit den kleinen Lämmern oder ließen sich am Schwanz der Kälber den Berg hinauf ziehen. Abends wurden sie von ihren Vätern mit Milch, Brot, Käse und Honig gefüttert. Die Männer gingen liebevoll mit ihnen um und zeigten offen ihre Zärtlichkeit. Traurig erzählte der Malik später, von seinen sechs Kindern seien drei gestorben.

Nach dem Abendessen saßen wir mit Sennern und Trägern unter dem düsteren Eibenbaum vor der Haupthütte. Auch von anderen Bandas kamen Männer, mit Kienfackeln in der Hand, und setzten sich in unseren Kreis. Das große Feuer tauchte die wilden Gestalten in ein Rembrandt-artiges Licht.

Nach und nach begannen die Senner zu singen. Ein Träger übersetzte die Texte ins Farsi, unser Dolmetscher gab uns den Sinn weiter. Es waren wilde Liebeslieder sowie Anrufe an die alten Götter und die Aufforderung, nach Dschalalabad zu gehen und einen Muslim zu töten.

Wir fragten die Männer, ob sie auch tanzen könnten. Ohne zu antworten nahm der Malik einen umgekehrten Milcheimer zwischen die Beine und trommelte. Mit dem Schlachtmesser und der flachen Hand schlug er einen treibenden Rhythmus. Ein Bursche begleitete ihn auf einem schmalen Saiteninstrument, ein anderer mit der Flöte. Die Männer im Kreis sangen heftiger und klatschten mit den Händen. Gerade ihre Monotonie gab dieser rauen Musik eine leidenschaftliche und zugleich klagende Gestimmtheit. Ein lustiger Träger mit rotem Halstuch und sein Freund standen auf und fingen an zu tanzen. Die jungen Männer von der Alm machten mit und schwangen dabei die brennenden Fackeln über ihren Köpfen.

In der Tür tauchte ein Kind auf, vom Schein des Feuers schwach beleuchtet. Schweigend lehnte es sich an den Türstock und beobachtete das leidenschaftliche Treiben. Der über den Kopf geschlagene Mantel verdeckte die Haare, sodass man in den unbewegten, zugleich lieblichen wie strengen Zügen nicht unterscheiden konnte, ob es ein Junge oder ein Mädchen war. Reglos und schön stand dieses Wesen in der Schwärze der Nacht und bildete einen geheimnisvollen Kontrapunkt zu dem ausgelassenen Tanz am Feuer. Mit einem Mal wurde es ihm zu viel. Er drehte sich um und ging hinauf zur anderen Hütte.

Nachdem die Polizisten und die Begleiter aus dem Tal sich zurückgezogen hatten, fühlten die Hirten sich freier. Vor allem der Malik geriet immer mehr in Erregung. Mit wiegendem Kopf und glänzenden Augen sang er aus voller Kehle zu dem von ihm geschlagenen Rhythmus. Plötzlich sprang er auf und hüpfte in den Kreis der Tänzer. Sein Gesicht strahlte vor entrückter Begeisterung. Bald überließen ihm die jüngeren Männer die ganze Tanzfläche. Seine Verzückung steigerte sich, die Bewegungen wurden ungehemmt, ja obszön; es war, als ergriffen lang gefesselte Kräfte, Reste heidnischer Opferorgien oder religiöse Rauschzustände von ihm Besitz. Er war völlig außer sich.

Nach einiger Zeit wurde den Anderen die Zügellosigkeit des Alten unheimlich. Sie redeten auf ihn ein, er solle aufhören. Aber der Malik befand sich weit weg, er tanzte weiter. Da packten ihn seine Söhne. Er leistete keinen Widerstand. Sie kämpften. Schließlich gelang es ihnen, den Alten in die Hütte zu drängen. Der Abend war zu Ende.

Die wilden Tänzer in Nuristan

13. Juli 1960 Wir wollten heute das Dorf Waigal erreichen, den Hauptort des gleichnamigen Tals. Die Hirten hatten uns gesagt, bei zügigem Gehen brauche man 10 Stunden für den Abstieg. Daher baten wir die Polizisten, uns morgens um vier Uhr zu wecken.

J.T., die Polizisten und die meisten Träger brachen im Morgengrauen auf. Nicholas und ich warteten, bis die Zelte, die der Tau durchnässt hatte, trocken und von zwei Trägern aufgeladen geworden waren. Der Malik brachte Milch und hockte sich zu uns. Während die Sonne aufging, erzählte er von seinem Leben.

Seine Banda gehört, ebenso wie drei oder vier Almen auf beiden Seiten des Drumgal-Passes, zum Ort Dewa im Parun. Auf diesen Almen weiden 400 Stück Vieh und ein Mehrfaches an Schafen und Ziegen. Aus der Milch fertigen die Senner Joghurt und Schmalz. – Zum Verkauf? „Nein, das Meiste essen wir selbst. Wenn wir Salz, Tee, Zucker oder ein Hemd aus dem Tal brauchen, verkaufen wir ein Stück Vieh oder ein paar Häute voll Butterfett. Das reicht für ein paar Monate."

Der Malik besitzt zusammen mit fünf männlichen Mitgliedern der Familie 20 Stück Vieh. Der Malik der nächsten Banda, zwei Stunden talaufwärts, ein „*pir*" oder „*adam-e dini*", eine Art Heiliger, der im ganzen Parun hohes Ansehen genießt, hat über 40 Kühe und 100 Schafe. „Dem einen gibt Gott mehr, dem Anderen weniger". Frauen kommen nicht mit auf die Banda, schon wegen der Gudschar, der „Räuber", die die Gegend unsicher machen.

Der Malik meinte, seines Wissens seien wir die ersten Europäer, die den Drumgal-Pass überschritten hätten.

Mit dankbaren Gefühlen nahmen wir Abschied und sprangen die steilen Wiesen hinunter, folgten dem lustigen Bach, der immer wieder unter Lawinenresten verschwand, überschritten riesige Schneebrücken und tauchten, wo es flacher wurde, in den Nadelwald.

Ich glaube, ich habe nie etwas so Schönes, im wahren Sinne des Wortes Paradiesisches gesehen wie die Wälder im oberen Waigal-Tal: Elegante junge Zedern, deren gefiederte Zweige sich leicht wie Flaum im Morgenwind wiegten, stille Lärchenwälder, die die Sonne, als sie endlich den Talgrund erreichte, hell aufleuchten ließ, ernste, unbeugsame alte Tannen, leichte, weiblich-weiche Kiefern mit langen, verträumten Nadeln. Wind und Bach rauschten zu sich selbst. Dazu kamen die Stille und ein Gefühl von Jungfräulichkeit. Zwar folgten wir einer schmalen Spur, aber links und rechts deutete nicht die geringste Kleinigkeit darauf, dass hier jemals Menschen gelebt und gewirkt hätten. Durch diese Unberührtheit zu schreiten übte einen unglaublichen Zauber aus.

Als wir einige Stunden durch die Wälder gewandert waren, stießen wir auf „Störenfriede". Am Rand von Lichtungen tauchten einzelne, roh gebaute steinerne Hütten auf. Auf dem Dach standen Frauen in langen schwarzen Kleidern und Silberschmuck und beobachteten ohne Scheu, wie wir vorbeigingen. Einige butterten Milch im Ziegenschlauch, andere wuschen. Männer waren nicht zu sehen. Das waren Angehörige des Gudschar-Stammes. Unsere gestrigen Gastgeber sagten, das sei ein Räuberstamm; am Tag vorher hätten sie ihnen Vieh gestohlen. Sie baten unsere Polizisten, ihnen zu helfen, und waren tief enttäuscht, als diese ablehnten.

Die Gudschar kommen aus Nordindien und dem pakistanisch-afghanischen Grenzgebiet und wandern im Sommer mit Ziegen und Hühnern entlang der Flüsse in die Wälder und Weiden des Hochgebirges. Einer unserer Begleiter sagte, die Gudschar seien ein paschtunischer Händlerstamm, ein anderer behauptete, es handele sich um Verwandte unserer Zigeuner. In der Tat erinnerte mich manches an sie: die dunkle Haut, eine unstete Lebensweise, die Beschäftigung mit Handel, schließlich auch die Ablehnung durch die Bevölkerung als „Diebe" oder „Betrüger". Man nimmt an, dass die Zigeuner ursprünglich aus Nordindien stammen.

Inzwischen hatten wir J.T. und die Träger eingeholt. Die Sonne stieg höher, der Nadelwald blieb zurück; Buchen, Birken, Platanen und Steineichen traten an seine Stelle. Als das Tal sich weitete, sahen wir die ersten Terrassenfelder. Zuerst waren sie kaum mehr als einen Meter breit und folgten mit ihrer Abstufung dem Gefälle des Tals. Später leiteten Kanäle das Gebirgswasser auf die größer werdenden Felder.

Mittags rasteten wir kurz. Auch jetzt war der Weg nicht einfach. Häufig mussten wir Kare hinaufsteigen oder durch den Fluss waten, wenn das Tal zu eng wurde. Später am Nachmittag erwartete uns an einer Weggabelung ein Junge; er hatte den Auftrag, uns in das Dorf zu führen, zu dem es nicht mehr weit war.

Der Dorfplatz von Waigal lag vor der stattlichen Siedlung, die sich auf der anderen Seite des Flusses den Berghang hinaufzog. Anders als in Wama, handelte es sich um stattliche Lehmhäuser, die auf festem Boden standen und sich in behäbigen Stufen ausbreiteten. Eine Art Wama gab es früher auch. Hoch oben an einem besonders steilen Felsen konnte man die Reste einer alten Siedlung erkennen, die bis zum Ende des 19. Jahrhunderts das Zentrum des Tals und des Stammes gebildet hatte.

Unter wahren Patriarchen von Nussbäumen saßen etwa 20 Weißbärte auf Teppichen. Hinter den Dorfältesten hockte der größte Teil der männlichen Bevölkerung, wilde Gestalten, etwas kleiner und dunkler als die Parunis, die wir zuletzt gesehen hatten. Für uns hatte man ein paar Tscharpais aufgestellt.

Wir waren dankbar, unsere müden Glieder ausstrecken zu können, denn wir waren mehr als 12 Stunden fast ohne Pause unterwegs gewesen, den größten Teil davon in glühender Sonne.

Eine halbe Stunde lang geschah gar nichts. Dann betrat ein etwa 50 Jahre alter Mann den Platz, der nicht wie die hiesige Bevölkerung in grobe Wolle gekleidet war, sondern nach Kabuler Art in helle, flatternde Baumwolle. Er stellte sich als der „Wakil" vor, offenbar ein Repräsentant der Talbevölkerung in einer Stammesversammlung oder einem Verwaltungsrat.

Nachdem man uns mit Tee, Früchten und Süßigkeiten gestärkt hatte, durften wir uns ein Flachdach zum Übernachten aussuchen. Wie in Wama hatten die Polizisten schon das beste belegt. Am Rand des Dorfplatzes fanden wir aber eins, das uns gefiel; es wurde von einem großen Maulbeerbaum geschützt und hatte einen herrlichen Blick auf Tal und Berge. Als wir zum Fluss gingen, um uns zu waschen, scheuchte man erst einmal die Frauen weg, die im Halbdunkel am Wasser knieten und im rhythmischen Takt die Wäsche auf die Kiesel schlugen.

Inzwischen bereitete das Dorf sich auf einen festlichen Abend vor. In vielen Höfen brannten große Feuer und beleuchteten die Mauern. Pfannen und Töpfe wurden herbeigeschleppt, der Qualm verbrannten Fleisches beizte die Luft. Aus allen Teilen des Dorfs kamen Kinder und gafften. Auf dem Festplatz versammelte sich die Elite von Waigal: Dorfälteste, Weißbärte, Ordnungshüter. Hinter ihnen hockte wieder schweigend wie am Nachmittag der männliche Teil der Bevölkerung. Wir setzten uns brav auf unsere Gestelle. Dann vergingen Stunden. Etwas bemüht machten wir Konversation: unser und unserer Gastgeber Befinden, die Qualität des Weges, das Programm des nächsten Tages. Noch immer kam das Essen nicht.

Endlich, um 10 Uhr wurde ein gewaltiges Mahl aufgetragen. Es bestand aus gebratenem und gekochtem Fleisch auf riesigen Schüsseln mit Reis, dazu gab es fette Fladen, Brot, Eier, mehrere Arten Joghurt, Käse, Früchte, Nüsse, Süßigkeiten. Warum war hier alles so viel üppiger als in Wama? Wahrscheinlich weil das Waigal-Tal breiter und fruchtbarer ist und die Felder bewässert werden, vielleicht auch weil man die Straße und den Zugang zum Markt in einem Tag erreicht, nach dem Ende der Schneeschmelze auch mit Tragtieren.

Ein höherer Grad an Zivilisation zeigte sich auch bei den Tänzen. Noch während wir aßen, setzte die Musik ein. Schrille Querflöten begleiteten den dumpfen Dreischlag der hüfthohen Trommeln. Ein Dutzend Männer hüpften dazu im Kreis herum, schwangen Dolche und Schwerter und schrien ab und zu etwas wie „Hurrah".

Mich ließen diese Tänze kalt. Vielleicht war ich zu müde, zu benebelt vom Essen und der feuchtwarmen Luft, die vom Talboden aufstieg. Vor allem fehlte mir das Erdhafte, Besessene, düster Kraftvolle, das bei dem Sänger in Wama und den Tänzern auf der Alm so ursprünglich und tief gewirkt hatte.

Sobald die Höflichkeit es erlaubte, zogen wir uns auf unser Dach zurück. Nachts wachte ich ein paar Mal auf. Die Luft strich kühl über meine Liegestätte. Immer noch dröhnte die Musik vom Dorfplatz herüber. Jetzt wirkte der harte Rhythmus nicht nur festlich, sondern auch unheimlich.

14. Juli 1960 Schon bevor die Sonne über den Bergen aufging, stellten freundliche Männer Tee, Brot und Eier an unsere Betten. Ich nahm ein Bad im eiskalten Fluss.

Der Wakil führte uns durch das Dorf. Reiche Schnitzarbeiten bedeckten Türen und Pfosten: Sterne, Räder, stilisierte Steinbockhörner. Stolz zeigte man uns Stühle, etwas, das man in den benachbarten islamischen Gegenden früher nicht kannte. Die Nuristaner betrachteten die vierpfähligen Sitzplattformen als Beweis für eine eigene kulturelle Tradition.

Wir brachen um halb zwölf auf. Der Wakil begleitete uns noch eine Stunde. Er besitzt im unteren Waigal-Tal

Felder, Nusshaine und 80 Kühe. Nüsse sind ein wichtiges Handelsgut, das nach Kabul und Pakistan verkauft wird. Vor drei Monaten war im Dorf Waigal die erste Schule eröffnet worden. Der König hatte sie gestiftet, als er dort jagte.

Es war schön, unter Nussbäumen, duftenden Büschen und Lorbeersträuchern zu wandern. Mittags wurde es sehr heiß. Vor einer Schlucht mussten wir entscheiden, ob wir den längeren Weg wählen wollten, der sich den steilen Hang hinaufschlängelte, oder uns auf den schmalen Stieg wagen, der über Felsen dem Wasser entlangführte. Nach langer Beratung entschieden Träger und Polizisten sich für den kürzeren Weg.

Einmal mussten wir auch hier steil hinaufklettern und uns an einem schmalen Vorsprung über dem brausenden Wasser entlanghanteln. Den Kabuler Polizisten mit ihren Uniformstiefeln bereitete das noch größere Schwierigkeiten als uns. Lachend lehnten die Träger sich an die Wand und erlaubten den Polizisten, ihre Schultern als Fußstütze zu benutzen. Sie selbst glitten ohne Mühe über den Abgrund. Das war die Sperre, die das Waigal-Tal jahrhundertelang gegen Eroberung und Zivilisation geschützt hatte.

Trotz der Abkürzung erreichten wir nicht mehr das Dorf Manugi, in dem wir auf dem Hinweg auf dem Dach des Hakims übernachtet hatten und wo uns jetzt die Autos erwarteten.

Wir waren völlig erschöpft von der Hitze, die auch nach dem Untergang der Sonne von den Felsen abstrahlte, und suchten nach einem Rastplatz. Im letzten Schein der Dämmerung kamen wir nach einem weiteren Kletter-Umweg wieder ins Tal und fanden eine Wiese, auf der wir die Nacht verbringen konnten. Mitten in der Nacht weckten uns ein paar Nuristaner, die singend und Kienfackeln schwingend vorbeiwanderten.

Nomaden im Pandschschirtal

15. Juli 1960 Ohne den gewohnten Tee machten wir uns um sechs Uhr früh auf den Weg; unsere Führer waren sicher, dass das Dorf mit den Autos hinter der nächsten Biegung des Flusses läge. Aber aus einer Biegung wurden zwei, drei, dann noch eine. Nie während der letzten zehn Tage waren wir so erschöpft, so in Schweiß gebadet, auch innerlich so stumpf und ausgelaugt, wie bei diesem Endspurt. Wir hatten ganz vergessen, dass wir uns auf der geographischen Breite Indiens befanden.

Nach drei Stunden hatten wir es endlich geschafft. Erleichtert und stolz betraten wir die schattigen Gassen von Manugi. Niemand begrüßte oder bewunderte uns. Wir fragten nach dem Hakim. Jemand zeigte auf einen offenen Pavillon in der Mitte des Dorfplatzes. Da saß er und hielt Gericht. Wir wollten ihn begrüßen und berichten. Er beachtete uns kaum, sondern wies uns mit einer Handbewegung an, auf der Bank neben dem Pavillon Platz zu nehmen. Um ihn herum warteten ungefähr 50 Bauern, bis sie an der Reihe waren. Neben dem Hakim saß der Qazi, der Richter. Das war eine zarte, geradezu anmutige Gestalt, ernst, aufrecht, in reines Weiß gekleidet. Auf dem Schoß hatte er sein etwa zweijähriges Söhnchen, das blickte mit großen dunklen Augen auf die Versammlung. Der Qazi sprach Recht, der Hakim schlichtete Streit. Auf einem kleineren Tisch mit den Akten hockte der Schreiber. Jetzt befanden wir uns nicht mehr in der Steinzeit, nicht mehr im feudalen Mittelalter, sondern waren im aufgeklärten 15. Jahrhundert angekommen. Hier waren wir auch nichts Besonderes mehr.

In aller Ruhe entlohnten wir die Träger und verteilten Geschenke an Begleiter und Bewacher. Dann stiegen wir, wehmütig über den nicht wieder zu überwindenden Abstand zwischen unserem modernen Zuhause und der Welt, die wir kennengelernt hatten, in unsere selbstbewegten Blechmaschinen und kehrten in die Zivilisation zurück.

Wanderung zum Andschuman-Pass

Im September 1960 unternahm ich eine weitere Wanderung, diesmal mit Silvia. Sie führte durch das Pandschschir-Tal zum Andschuman-Pass. Die Route über den Pass, der etwa 4400 Meter hoch ist, war ein viel benutzter Karawanenweg zwischen Zentralafghanistan und dem Nordosten des Landes; sie konnte von Autos oder Lastwagen nicht befahren werden. Wir waren eine Woche unterwegs. Wie alle anderen Reisenden wanderten wir zu Fuß und zu Pferd und übernachteten im Zelt oder bei Bauern. Auf der ganzen Strecke gab es keinen Laden, kein Gasthaus, nicht einmal eine Teestube. Jeden Tag begegneten wir Händlern, die hoch bepackte Lasttiere hinter sich herzogen, und vor allem großen Zügen von Nomaden, die jetzt im Herbst auf dem Weg von den Sommerweiden im Gebirge in wärmere Gebiete waren.

5. September 1960 Zuerst gab es Schwierigkeiten. Wir hatten in Gulbahar, etwa 80 Kilometer nördlich von Kabul übernachtet. Hier befindet sich eine große, noch nicht ganz fertige Textilfabrik; sie wird mit deutscher Hilfe eingerichtet und betrieben. Ein deutscher Ingenieur, mit dem ich schon einmal einen Viertausender bestiegen hatte, begleitete uns. Er organisierte Tragtiere und Treiber und nahm auch seinen Koch mit, der aus dem Pandschschir-Tal stammte.

Gulbahar liegt am Eingang zum Pandschschir-Tal. Nach dem Frühstück fuhren wir mit unserem Landrover den Fluss aufwärts, wurden aber schon im nächsten Ort angehalten. Wir besaßen keine Genehmigung zum Betreten des Passes. Die konnte nur der Hakim ausstellen, der war aber nicht aufzufinden. Nach zwei Stunden Warten kehrten wir um.

6. September 1960 Am nächsten Tag kamen wir wieder, der Hakim gab die Genehmigung, es konnte losgehen. Wir waren selbst eine kleine Karawane: wir drei Deutschen, der Koch und drei Leute für die Tiere, zwei Reitpferde, ein Lastpferd und drei Esel. Denn wir hatten nicht nur Zelte, Schlafsäcke und warme Kleidung für das Hochgebirge dabei, sondern auch Essen für uns alle für eine ganze Woche.

Die erste Zeit blieb unser Tal eng, es bildete eine Schlucht. Wir mussten einen mühsamen Umweg machen, der uns weit den Berg hinauf führte. Unser Freund und ich wanderten, Silvia ritt. Wieder im Tal übernachteten wir in einer staubigen Hütte, die zufällig leer stand. Sie gehörte zu einem trostlosen Miniaturdorf von vier Steinhäusern. Zwischen den Häusern und dem Fluss hatten gerade ein paar Maisfelder Platz. In der Nacht weckte uns der Mond, der durch das kaputte Dach auf unsere Schlafsäcke schien.

7. September 1960 Nach vier Stunden Marsch weitete sich das Tal, es wurde wieder grün und fruchtbar. Einzelne Höfe und auch ein paar Dörfer hatten sich an den immer noch steilen Flanken der Berge angesiedelt.

Von den Bergen kam selbst jetzt im Herbst reichlich Quellwasser und wurde auf die weit den Hang hinauf angelegten Felder geleitet. Immer wieder schauten hohe Schnee- und Felsberge aus den Seitentälern auf uns herunter. Unter großen Bäumen aßen wir, von der männlichen Bevölkerung neugierig begafft, zu Mittag. Abends schlugen wir unser Zelt vor einer Moschee auf, die am oberen Rand eines größeren Dorfs lag. Das konnte uns aber nicht davon abhalten, uns den mitgebrachten Wein schmecken zu lassen.

8. September 1960 Heute mussten wir wieder eine enge Klamm umgehen. Neben einem malerischen Steindorf zelteten viele Nomaden. Mittags aßen wir im Haus des Talfürsten, der auch den Zugang zum Pass beherrschte. Er erzählte uns schaurige Geschichten von Viehdieben aus Nuristan und Schießereien am Pass.

Kurz vor der Dunkelheit erreichten wir eine 3700 Meter hoch gelegene Alm, ein paar einfache, schmutzige Steinhäuser, die inmitten einer gewaltigen Gebirgslandschaft an einem reißenden Bach lagen. Am Ufer fanden wir mit Mühe einen ebenen Platz für die Zelte; es war eisig kalt; das Wetter wurde schlecht. Das Abendessen verzehrten wir in einer Steinhürde für die Schafe. Unsere Begleiter machten mit Hilfe der Hirten ein großes Feuer, wir wurden trotzdem nicht richtig warm.

9. September 1960 Als wir aufstanden hing in den Tälern Nebel. Hier trennten wir uns. Silvia zog mit den meisten Eseln, ihren Treibern und dem Gepäck zu einem größeren Dorf, das in der Talsohle lag, unser Freund und ich stiegen die letzten Abhänge zum Hauptpass hinauf.

Die vielen Nomaden, die uns auch hier entgegenkamen, und die Händler mit schwer beladenen Packpferden, zeigten uns, wie dichter Verkehr ohne Autos und Lastwagen aussieht. Wir brauchten fünf Stunden bis zum Sattel. Zuletzt stieg der Weg nur mehr wenig an, trotzdem kamen wir in über 4000 Meter Höhe ganz schön ins Schnaufen.

Unterwegs trafen wir die Passwache, ein paar nette, harte Burschen, die hier oben mit ihren Ziegenherden lebten. Ab und zu schneite es ein bisschen, dann riss der Himmel wieder auf und gab den Blick frei auf wilde Sechstausender und das lange Tal, in das der Karawanenweg führte. Auch zwei Seen konnte man erkennen; sie gehörten schon zur nordafghanischen Provinz Badachschan. Das war eigentlich unser Ziel gewesen. Aber wegen des unbeständigen Wetters kehrten wir um. Auf dem Rückweg ruhten wir uns in der Hütte der Passwächter aus und verzehrten das mitgebrachte Picknick.

Zu dem Dorf, in dem wir Silvia treffen wollten, war es weit. Es wurde dunkel. Wir mussten noch zwei Flüsse durchqueren. Da wir der Trittsicherheit unseres Pferdes nicht trauten, stiegen wir ab und begaben uns in Unterhosen in das eisige Wasser, mit dem Erfolg, dass sich die Afghanen in den Sattel setzten und unbeschädigt ankamen. Die letzten anderthalb Stunden in völliger Finsternis und bei Regen waren nicht angenehm; der Weg war schlecht und führte entlang steiler Abhänge oder auf den engen Rändern von Bewässerungskanälen. Wir hatten eine Lampe dabei; doch die Pferde fanden ihren Weg auch in der Dunkelheit allein und ohne zu stolpern.

Als wir im Dorf eintrafen, kam Silvia gerade aus den Frauengemächern. Sie hatte einen amüsanten Nachmittag mit den vier Frauen des Dorfältesten verbracht und ging mit ihnen in ihre Schlafzimmer. Auch wir Männer durften im Haus übernachten.

10. September 1960 Heute schien wieder die Sonne. Trotzdem machten wir uns auf den Heimweg; wir wollten nicht zu lange von zuhause weg bleiben. Jetzt wanderten wir in der gleichen Richtung wie die Nomaden. Einmal wurden wir eingeladen, mit ihnen in ihrem Lager zu Mittag zu essen; sie betrachteten uns mit unseren Tragtieren und Zelten offenbar auch als ein wanderndes Volk.

Am frühen Nachmittag fanden wir eine schöne Wiese. Unser Freund, Herr Müller, wanderte weiter, um am Abend zuhause in Gulbahar zu sein.

Wir wollten den Rest des Sonntags noch Ruhe geben, ausspannen und die Gegenwart auf uns wirken lassen. Wir schlugen unser Zelt auf, lasen und kochten. Nicht weit entfernt von uns zogen Nomaden und berittene Händler vorbei. Auf unserer Wiese weideten Pferde. Ein Stück weiter trugen die Männer das dünne Getreide, das sie geschnitten hatten, in riesigen Bündeln in ihr Dorf.

11. September 1960 Als wir unser Zelt aufs Pferd gepackt hatten, trafen wir die Nomaden wieder, bei denen wir am Vortag gepicknickt hatten. Wir gerieten in ihre Karawane, auf den Eseln und Kamelen saßen die Hühner, eins, das anscheinend legen sollte, hatte man in ein Körbchen gepackt und auf einen Esel gebunden. Da gab es kein Überholen; so zogen wir mit ihnen weiter und übernachteten an der gleichen Stelle wie vor ein paar Tagen, diesmal aber im Zelt. Bevor wir wieder das Auto erreichten, überstiegen wir einen malerischen, bequemen Bergsattel, hoch über dem grünen Fluss, der sich in Wasserfällen und Seen durch die Felsen zwang und dann in die fruchtbare Talebene mit dem Dorf floss, in dem unser Auto stand.

Es war schön, in fremden Gegenden zu Fuß zu gehen. Ich konnte mich jetzt mit den Menschen einigermaßen gut verständigen. Sie waren immer freundlich, zuvorkommend und neugierig gegenüber den fremden Wanderern. Man konnte mit jedem, der einem begegnete, ein Gespräch anfangen, wenigstens mit jedem Mann, ihn über wohin und woher und die Familienverhältnisse befragen und ihm von sich erzählen. Wir wurden überall zum Tee und oft zum Schlafen eingeladen und machten bei den Dorfältesten und Passwächtern gemütlich Pause.

So erlebten wir eine echte Karawanenstraße. Wir sahen Kamelkarawanen, die zum Getreideholen nach Norden zogen, Einzelhändler, das Pferd mit Stoffen beladen, Esel unter riesigen Traubenkörben, die zu Märkten weiter oben in den Tälern unterwegs waren. Reiter, die zu Behörden ins Tal ritten, Fußgänger mit großen Bettpacken, die Arbeit als Erntehelfer suchten, und natürlich die malerischen Nomadenzüge.

Zu den großen Wüstenseen

Zu meinen interessantesten Erlebnissen gehörte eine Fahrt in die Provinz Tschachansur, die in der Region Sistan liegt, dort wo Afghanistan an Iran und Pakistan grenzt. Heute heißt die Provinz Nimroz.

Sistan ist eine Senke in dem Wüstengürtel, der sich vom Westen Indiens über Pakistan und Afghanistan nach Iran erstreckt. Sie fängt das Wasser der Flüsse auf, die von den Hochgebirgen Zentralafghanistans nach Süden fließen, und zwingt sie, in Seen und Sümpfen zu verdunsten. Seit dem Altertum haben ausgedehnte Kanalsysteme das Gebiet fruchtbar gemacht. Große Ruinenfelder lassen ahnen, wie dicht besiedelt und wohlhabend Sistan früher einmal gewesen ist. Wo heute noch Menschen leben, gibt es gut erhaltene Lehmburgen, die sich von ähnlichen Bauten im übrigen Afghanistan durch ihre Größe und die Ausstattung mit Türmen und Verzierungen unterscheiden. Sie spiegeln die feudalen Besitz- und Sozialverhältnisse wieder, die sich in vielen Teilen Sistans bis heute gehalten haben.

1960 veranlasste der in Afghanistan arbeitende Asienwissenschaftler Klaus Fischer den Direktor der Deutschen Archäologischen Instituts, Erich Böhringer, die Ruinen Sistans zu besuchen. Er organisierte eine Erkundungsreise, die er gemeinsam mit dem Leiter der für die afghanische Regierung tätigen Deutschen Geologischen Mission, Daniel Wirtz, durchführte.

Ich nahm die Gelegenheit wahr und schloss mich, zusammen mit meinem amerikanischen Freund und Kollegen J. T. Kendrick, der Gruppe für ein paar Tage an.

Ruinenfelder in Sistan

Am Unterlauf des Helmand bahnten sich damals interessante politische Entwicklungen an. Seit ein paar Jahren schwelte ein Grenzkonflikt zwischen Afghanistan und Iran. Ein auf iranischem Gebiet neu errichteter Damm hatte während der Schneeschmelze in Afghanistan Überschwemmungen verursacht und später zu Wasserknappheit geführt. Jetzt wollten die Afghanen auf ihrem Territorium einen weiteren Damm bauen, um solche Beeinträchtigungen künftig zu verhindern. Das warf Probleme auf, die zur Zeit meiner Reise ungeklärt waren: Würden die Iraner es hinnehmen, wenn sie durch diesen Damm weniger Wasser bekämen? Wer würde den Damm bauen und finanzieren, Amerikaner oder Russen? Seit kurzem hatte die Sowjetunion mit Abschnitten der Straße Kandahar-Herat und einem Flughafenprojekt auch Entwicklungsprojekte im Süden Afghanistans übernommen. Ein weiteres großes Projekt in unmittelbarer Nähe zweier Mitglieder der westlichen Militärallianz, Iran und Pakistan, würde die Stellung des Westens in Afghanistan weiter schwächen.

1. November 1960   Alam, der Fahrer der Botschaft, und ich sind um 10 Uhr von Kabul abgefahren. Wir essen in Ghazni zu Mittag. Für mich ist Ghazni die schönste afghanische Stadt; die Mauern sind mehrere Stockwerke hoch und umschließen ein Gewirr enger Gassen. Zu ihren Füßen fließt ein kleiner Fluss vorbei, an manchen Tagen ist hier Kamelmarkt.

Zwischen Kabul und Kandahar liegen 22 Rabate, gemauerte Rastplätze für Reisende und Karawanen, die Emir Abdurrahman und sein Vater Mohammed Afzal Khan vor 150 Jahren gebaut haben. Karawanen brauchen einen Tag bis zum nächsten Rabat, zu Pferd schafft man zwei. Alam und ich übernachten auf unserer Fahrt nach Kandahar nur einmal. Wenn man früh genug aufsteht, kann man heutzutage die 438 Kilometer auch an einem Tag schaffen, obwohl die Straße nicht asphaltiert ist und wenig Brücken hat.

Mündungssee des Helmand in der Wüste von Sistan

Wir bleiben die Nacht in dem einfachen Hotel von Kalat. Im Frühjahr waren hier alle Mandelbäume erfroren; jetzt stecken sie kahl und mager im trockenen Boden. Ich studiere meine Unterlagen. Der englische Oberst McMahon war zwischen 1903 und 1906 mehrmals in Sistan, um die Grenzen des Pufferstaats Afghanistan festzulegen. In seinem Reisebericht schrieb er: „Under improved government, Sistan could be made, with a little trouble, into a second Egypt. It was so once, and could become so again."

Laschkar Gah, 2. November 1960 Wir sind früh aus Kalat abgefahren und erreichen Kandahar noch vor dem Mittagessen. Ich treffe mich mit zwei deutschen Lehrern an der Technischen Schule. Nach dem Essen gehen wir noch durch den alten Basar. Dann hole ich J.T. Kendrick und Daniel Wirtz vom Flugplatz ab und fahre mit ihnen nach Laschkar Gah.

Laschkar Gah ist die Hauptstadt der Provinz Helmand und Zentrum des von den Amerikanern betreuten Helmand Projekts. Von der amerikanischen Regierung finanziert baute die Firma Morrison-Knudson in den letzten sechs Jahren zwei große Staudämme und ein ausgedehntes Bewässerungssystem, um das Helmand-Tal und Teile von Sistan wieder fruchtbar zu machen.

Wir treffen hier Prof. Böhringer und unsere anderen Reisegenossen und übernachten im amerikanischen Gästehaus.

3. November 1960 Nach dem Frühstück sprechen wir mit Dr. Abdul Qayyum, dem stellvertretenden Leiter der Helmand-Entwicklungsbehörde. Er sagt, was in Sistan fehlt seien die Menschen, Wasser gebe es genug, die Böden seien erstklassig. Deshalb ist es wichtig, auch den Unterlauf vor Hochwasser zu schützen und die zur Verfügung stehenden Wassermengen gut zu verteilen. Ein neuer Damm in der

Nähe von Tschahar Burtschak soll dazu dienen. Auch die Amerikaner, die die Region entwickeln, halten das für vernünftig, sie können aber nur helfen, wenn Afghanistan und Iran sich über die Verteilung des Wassers geeinigt haben. Das ist trotz intensiver Gespräche nicht gelungen; die Menge, auf der die Iraner bestehen, ist den Afghanen zu hoch. Die USA halten ihre Bedingung aufrecht. Nun besuchte im Mai eine russische Delegation die Gegend, um die Verhältnisse am Ort zu studieren. „We asked the other party", sagt Dr. Qayyum.

Wir erkundigen uns nach der günstigsten Route zu den Helmand-Seen. Die direkte Piste quer durch die Wüste, die wir nehmen wollten, ist von Dünen versperrt; man rät uns, den Umweg über Farah zu nehmen.

Um halb 11 fahren wir auf der staubigen Hauptstraße in Richtung Herat ab. Unterwegs kaufen wir frische Melonen und begegnen dabei einer Anzahl Russen in Wohnwagen und Zelten, die die Straße nach Herat vermessen. Halb 3 Dilaram: großes Rabat, Tal mit Wasser. Alam sagt verächtlich: anderthalb Bäume. Halb 8 Farah: 280 km. Übernachtung im Hotel. Dort weitere Russen vom Straßenbau. Der amtierende Gouverneur besucht uns zusammen mit dem Erziehungsdirektor. Die Unterhaltung quält sich zäh dahin. Der Gouverneur wirkt unsicher, vielleicht weil er neu ist.

4. November 1960 Ein Aufsatz über Afghanistan müsste dialektisch angelegt sein. Die These, dass die Russen, wenn sie das Land unterwandern, es aufsaugen, nur einer historisch-geopolitischen Notwendigkeit entsprechen, getrieben von untergründigen Kräften, lässt sich ebenso gut vertreten wie die, dass die afghanische Regierung im Spiel mit der Sowjetunion noch frei entscheiden kann, und dass das Volk nichts von den Russen wissen will; dass der Westen diese Haltung ausreichend stützt, und dass es keine Tendenz bei der Regierung und der Bevölkerung gibt, dem mächtigen Nachbarn im Norden politisch entgegen zu kommen.

Wir verlassen in Farah die Hauptstraße und fahren nach Süden. Zuerst geht es entlang einem trockenen Flussbett. Gelegentlich überqueren wir einen Kanal und sehen Dörfer mit runden Dächern, auf deren Spitze ein kleiner Kamin aufragt. Dann sind wir auf ebener Wüste. Plötzlich senkt sich die Piste auf ein tieferes Niveau, das ebenfalls tellerflach ist, abgesehen von ein paar Kanyons und Salzpfannen.

Nach 90 km, für die wir dreieinhalb Stunden brauchen, kommt ein größerer Ort, Dschuwain – Kuppelhäuser, eine riesige Ruine, ein paar Tamarisken in der Basarstraße. Der Landrat lädt uns in sein abgedunkeltes Zimmer ein. Er berichtet von der schlechten Lage seit der Überschwemmung im Frühjahr. Die beiden Helmand-Endseen flossen ineinander, die direkte Straße nach Tschachansur ist nicht befahrbar. Der Boden eines ganzen Bezirks steht unter Wasser, viele Leute sind weggezogen. Die Helmand-Dämme, die gegenwärtig den Wasserfluss regulieren, stehen zu weit im oberen Teil des Flusslaufs.

Nach dem Essen, zu dem der Landrat auch ein paar Dorfälteste gebeten hat, machen wir noch einen Spaziergang zur Burg und fahren dann weiter nach Süden.

Jetzt fangen Felder und Kanäle an, und eine Stunde weiter erreicht die Piste die Steilküste über einem großen See, dem Puzak Hamun. Jetzt, während der trockenen Jahreszeit, kann man auf dem sandigen Boden am Ufer entlang fahren; oft müssen wir aber den Vierradantrieb benutzen, um durchzukommen. Hier weiden Viehherden; wir begegnen vielen Nomaden. Vom Wasser sieht man wenig, so dicht wächst das Schilf entlang dem Ufer. Dafür gibt es jede Menge Mücken und Bremsen. Deswegen schlagen wir, als es dunkel wird, unser Lager lieber oben in der Wüste auf. Am Feuer unterhalten sich die Fachleute über Magmabewegungen und

Grundwasser. Ich liege unter einer Tamariske und schaue lang in den funkelnden schwarzen Himmel. Nachts wird es bitter kalt, ein eisiger Wind fegt über die Wüste.

5. November 1960   Vor Sonnenaufgang gehe ich zu Fuß an den Rand des Hochufers, das steil zum See abfällt, und lasse das Bild des riesigen, anfangs noch dunklen Wasserspiegels auf mich wirken. In den fernen Schilffeldern wachen die Vögel und Enten auf. Unter mir liegt ein Dorf aus Schilfhütten. Ich traue mich nicht, allein in diese fremde Welt hinunterzugehen, sondern schaue von der Kante der Steilküste aus zu, wie die Frauen Kühe aus dem Dorf treiben und Männer zu den Booten am Ufer gehen. Es weht ein kühler Wind. Am Horizont sieht man, weit entfernt, die andere Küste, weiß über lichtblauem Wasser, unter einem sich rosa färbenden Himmel.

In den Schilfdörfern lebt eine besondere Gruppe, Reste einer Urbevölkerung Sistans, die mit der übrigen Bevölkerung nicht verwandt sind. Sie selbst nennen sich Sayyad (Jäger, Fischer) und sprechen eine Variante des Sistani, einem Dialekt des Persischen. Wenn die Küste des Sees wandert, brechen sie ihre Behausungen ab und tragen sie, wie auch die zigarrenförmigen Schilfboote, dem Wasser hinterher zur nächsten Bleibe. Dort gehen sie dann wie seit Jahrhunderten ihren Hauptbeschäftigungen nach: Fischfang und Jagd.

Bald brechen wir auf. Zunächst folgen wir wieder dem Ufer des Sees. Dann geht es hinauf in die Wüste. Wir queren die ersten Ruinenfelder und erreichen ein größeres Dorf. Das ist Tschachansur, das Zentrum der weit verstreuten Siedlungen am Ostrand der großen Seen. Auf den Feldern dreschen Männer das Korn. Sieben Ochsen werden eng zusammengebunden über die Garben getrieben, dann schleudert man die Körner in die Luft; der Wind trennt die Spreu vom Weizen. Es ist drückend heiß.

Wohnburg am Helmand in der Provinz Sistan

Die Burg steht auf einem der seltenen Hügel; sie ist schön verziert, gut erhalten und wirkt nicht bewohnt. Am Rand des Dorfes befindet sich ein Heiligengrab. Über der kleinen Lehmkuppel wehen Stofffetzen, stehen Holzvögel.

Im Dorf wird Schießpulver hergestellt. Man löst Torf in Wasser auf und siebt die Flüssigkeit, indem man sie durch ein Lehmdach tropfen lässt. Dann wird das Konzentrat mit einer Art Holzkohle erhitzt, die aus Schilf und Sträuchern gewonnen wird, und gekocht bis sich Salpeter auskristallisiert. Der dafür benötigte Schwefel kommt aus Farah. Schließlich stampft man das Ganze mit Hilfe eines als Hebel dienenden Balkens zwei Tage lang zu Pulver.

Der Polizeikommandant ist uns entgegen geradelt und lädt uns zum Mittagessen ein: Fleisch, Brot, Suppe, Rübenbrei. Er hatte bis Mitternacht mit seinem Essen auf uns gewartet. Er erzählt, die Burg habe Sardar Ibrahim Khan gehört, dem Eigentümer von ganz Tschachansur. Der Khan habe keine eigenen Nachfolger gehabt, deshalb verfiel die Burg, die Familie zog nach Tschahar Burdschak.

Auf der Weiterfahrt kommen wir durch eine unheimliche Gegend. Der Boden ist glatt und weiß, er schimmert wie mit Seide überzogen; in der Ferne schweben ein paar Kamele und Schafe darüber, dann tauchen Ruinenreste auf. Erst einzelne, dann in Gruppen, ganze Traumstädte. Surreal. Kein Strauch, nicht einmal eine Distel, unterbricht die tote weiße Ödnis. Die schwarzen Mauerreste erstrecken sich bis zum Horizont.

Nach einer Stunde bilden sich auf dem glatten Boden Sanddünen. Der gelbe Sand wirkt lebendig und warm. Der Wüstenwind hat scharfe, wunderbar geschwungene Formen daraus modelliert, harmonisch, modern, fein geriffelt. Nur mühsam arbeiten sich unsere Geländewagen durch die geometrischen Halbmonde.

Gegen Abend wird die Ebene lebendig. Ein paar Lehmgehöfte tauchen auf, eine flache Burg, die ersten Gräben mit dem Wasser des Helmand. In der Dämmerung schlagen wir unsere Zelte auf. Es gibt kein Holz zum Feuermachen. Daher essen wir im Licht schwacher Lampen zu Abend, dann steigt der Mond auf und vertreibt die klaren unzähligen Sterne. Sternschnuppen. Ich denke an S. Nicht weit entfernt lachen kleine Mädchen, unbeeinträchtigt von Armut und der Härte der Umwelt. Das klingt so munter, wie bei uns zu Hause. Weit weg tuckern Motorpumpen, vielleicht schon in Iran. Nachts weckt uns ein paarmal das Bellen der Schakale.

6. November 1960 Kurz vor sieben brechen wir nach einem kalten Frühstück auf. Die Piste ist so schlecht, dass wir nur 12 km in der Stunde vorwärts kommen. Es geht durch abgeerntete Felder. Ab und zu müssen unsere Fahrzeuge die tief eingeschnittenen Kanäle auf zwei Eisenschienen überqueren, die oft auch noch auf verschiedenen Höhen liegen. Ich gehe voraus und dirigiere Alam auf die Geleise.

Unser Dolmetscher Nasrullah ist Geologe und bei der Helmand Behörde in Laschkar Gah angestellt. Er kommt aus Kandahar. Mit 1200 Afghani im Monat, 300 Mark, muss er Großmutter, Mutter, drei Schwestern und einen Bruder ernähren. Ein weiterer Bruder ist Elektriker, er hilft mit weiteren 600 Afghani. Der Vater, ein Händler, nahm sich vor ein paar Jahren eine neue Frau und verschwand. Nur wenn er krank ist, kommt er „nach Hause". Nasrullah kennt kein Gedicht, hat keine Ahnung von Rustam und seinen Abenteuern.

Nach vielen Stunden Fahrt durch Steinwüsten, verkommene ärmliche Felder und Dorfreste taucht eine stolze Burg vor uns auf, geschmückt mit Türmen, Erkern und anderem Zierat. Auch sie liegt auf einem Hügel. In dieser flachen Landschaft wirkt sie riesig.

Hier erwartet uns der Grenzkommandant mit zwei Soldaten, die auf Kamelen reiten. Sie hatten schon gestern Abend ein Schaf geschlachtet und freuen sich, uns jetzt zu einer Mahlzeit einladen zu können. Aber wir wollen heute noch nach Tschahar Burdschak jenseits der großen Helmand-Biegung und müssen seine Gastfreundschaft ablehnen. Er begleitet uns in unserem Wagen. Unterwegs erzählt er, dass er zwei Söhne und fünf Töchter hat sowie drei Frauen; eine davon lebt mit zwei Kindern in Kabul, zwei wohnen im gleichen Haus in Tschahar Burdschak. Alle stammen aus Kabul wie er selbst auch.

Je weiter wir nach Süden kommen, wird die Landschaft wieder auf neue Weise bizarr: dunkle Gesteinspfannen liegen in der Wüste, zwischen ihnen stehen groteske Tafel-Hügel. Die Böden sind schneeweiß und manchmal mit schwarzen Kieseln bedeckt. Stunden später bricht das Land ab, zwischen tausenden von Kegeln und Rinnen geht es auf eine tiefere Ebene. Unten ist zunächst Wüste, dann folgen schlichte Gehöfte mit einem oder zwei Bäumen und abgeernteten Feldern. 20 km weiter erreichen wir Tschahar Burdschak.

Das Dorf besteht aus einem bescheidenen Weiler und der wie immer imposanten Burg, dahinter sieht man das mächtige Bett des Helmand. Er fließt hier schon wieder nach Norden. Jetzt, im Herbst, führt er wenig Wasser. Kinder und Tiere tummeln sich an seinem Ufer. Es gibt ein paar Gärten, kaum Bäume, die stattliche, schön gebaute Burg besitzt einen Söller, reiche Ziegelverzierungen und Nebentürme, an denen Steinbockhörner hängen.

Die Burg ist bewohnt. Vor einem der Türme stehen Frauen in malerischen Gruppierungen. Man hat uns erwartet. Wir werden in einen anderen Turm geführt. Der Raum ist mit Lehm-Ornamenten verziert und erhält durch den offenen Söller kühle Luft vom Fluss.

Die Burg gehört dem Herren der ganzen Region, Sardar Mahmud Alam Khan. Sardar ist ein Adelstitel; in Kabul bedeutet er so etwas wie Prinz, hier ist es der höchste Rang im Feudalsystem. Da Sardar Alam nicht gesund ist, begrüßt uns sein Bruder, Hadschi Mahmud Omar Khan. Natürlich lädt er zum Essen ein. Es dauert drei Stunden.

Wir lernen wieder viel. Die drei Brüder sind Urenkel von Sardar Mohammed Ibrahim Khan. Sie sind Feudalherren des Helmand Tales von Saffah, beinahe 200 km flussaufwärts, bis jenseits von Kala Fatah, das 40 km flussabwärts liegt, und darüber hinaus. Die Familie kam vor 150 Jahren aus Belutschistan, wo sie auch ausgedehnte Ländereien besaß; die hätte Amir Abdurrahman, der damalige Herrscher Afghanistans, „den Engländern gegeben". Der Polizeikommandant erzählt später ehrfürchtig, Sardar Alam herrsche „wie ein König". Er spreche Recht und könne sogar Todesurteile fällen. Die Macht des alten Ibrahim sei so total gewesen, dass er seine Untertanen auch töten konnte, wenn er wollte. Die Söhne und Enkel heiraten nur innerhalb der Familie, um den Besitz zu erhalten. Jeder der drei Brüder hat nur eine Frau.

Der alte Khan, sein jüngstes Söhnchen zwischen den Knien, gibt die Schuld am Verfall der Region den Mongolen. Aber auch der Natur. Der Wasserspiegel sei in letzter Zeit gesunken; vor hundert Jahren herrschte eine riesige Überschwemmung, die viel zerstörte. Da sind wohl noch mehr Gründe. Vom Polizeikommandanten hören wir, die Brüder wollten nicht, dass Fachleute oder Bauern von „draußen" kämen, um das Land zu entwickeln.

Nach dem Essen lässt uns der Alte seine Kamele vorführen. Träge Urtiere ziehen geduldig an uns vorüber.

Dann brechen wir auf und machen uns auf den Rückweg, obwohl wir eingeladen sind, über Nacht zu bleiben. Die Wissenschaftler waren schon gestern zurückgeblieben, um ihre Untersuchungen durchzuführen, und wir müssen wieder an unsere Schreibtische.

Kurz vor Einbruch der Dunkelheit erreichen wir ein Dorf in der Nähe von Nad-e 'Ali und treffen dort auch unsere

Reisegenossen. Der hiesige Grundbesitzer, Nadschibullah Khan, bietet uns in der geräumigen Halle seines Gästehauses als Abendessen Melonen, Granatäpfel, Saure Milch und Tee an, genau das Richtige in der trockenen Hitze.

Sechs Brüder sind hier die Eigentümer des Dorfs und der Felder, Nadschibullah ist einer von ihnen. Sie gehören zum paschtunischen Stamm der Jusufzai und kamen vor 20 Jahren aus Anadere in der Nähe von Farah, sind also paschtunische Zuwanderer, wie sie von der örtlichen belutschischen Bevölkerung nicht gern gesehen werden. Der Grundbesitz ist in dieser Region breiter gestreut als bei den belutschischen Talfürsten weiter im Süden; es ist aber immer noch Großgrundbesitz mit abhängigen Pächtern. In guten Zeiten arbeiten 70 Pächter für sie, in schlechten, wie jetzt, 30. Drei der Brüder leben als Kaufleute in Kang in der Nähe von Tschachansur.

Die Eigentümer bekommen von ihren Bauern als Pacht drei Viertel der Ernte; sie versorgen diese aber mit allem, was sie zur Bestellung der Felder brauchen, Saatgut, Wasser, Tiere. Im Garten gehören ihnen alle Früchte. Das Wasser, das aus dem Helmand kommt, reicht nicht aus; weiteres Wasser muss aus fremden Kanälen dazu gekauft werden: 12 Stunden kosten 100 Afghani, 25 Mark. Für 2100 Dscherib, etwa 420 ha müssen sie 1300 Afghani Steuern im Jahr bezahlen. Auch Nadschibullah schimpft über den iranischen Damm; er drücke das Hochwasser nach Afghanistan, leite aber in trockenen Zeiten das Flusswasser auf die iranische Seite. In den Dörfern der Umgebung gibt es sechs bescheidene Schulen.

7. November 1960 Wir haben im Gästehaus von Nadschibullah Khan übernachtet. Beim ersten Ruf des Muezzins stehe ich auf. Im Osten zeigt sich das erste Morgenleuchten in überwältigender Reinheit; eine leichte Wolkenfeder färbt sich langsam rosa. Nach dem Frühstück schauen wir uns den Garten der Brüder an, eine Allee zierlicher Mandelbäumchen, ein paar ungekämmte Sträucher, viele Obstarten. Man schenkt uns sofort Rosen.

Auf der Rückfahrt durchqueren wir neue Ruinenfelder, traumhaft, unwirklich, pechschwarz über weiß schimmernder Luft schwebend, ohne Wirklichkeit. Was dem Boden seinen eisigen Glanz verleiht, sind Salzablagerungen oder die Fallschirm-Samen des Schilfs aus dem nahen See.

Um kurz vor 10 sind wir wieder in Tschachansur. Erst jetzt sehe ich, dass das Zentrum der Provinz aus großen Dörfern und vielen Nomadenzelten besteht. Hier kommt das meiste Wasser nicht mehr vom Helmand, sondern vom Khash Rud aus den Bergen der Provinz Ghor.

Mein amerikanischer Kollege und ich verabschieden uns von der Expedition, die noch in der Gegend bleibt, und machen uns mit Alam auf den Rückweg. Diesmal folgen wir ein paar miserablen, ermüdenden Spuren weiter östlich durch die Wüste. Nur einmal öffnet sich ein großartiger Blick auf Tafelberge, Zeugen früherer Wasserniveaus. Ganz selten sieht man ein Dorf, manchmal stehen schwarze Nomadenzelte zwischen den Lehmkuppeln der Häuser, ab und zu schaut eine Gazelle zu uns und springt leichtfüßig davon. Bei einem Heiligengrab unterhalten wir uns mit Eselsreitern. Sie sind schon seit zwei Tagen unterwegs, vor ihnen liegen noch 70 km bis Farah; da sind wir beim übernächsten Gebet, sagen sie.

Wir erreichen Farah nachmittags gegen 4, trinken Tee und steigen um 7 Uhr in Dilaram in einem anständigen Hotel ab. Nachts dringt das Geräusch von Trommeln und Gesang, auch von Frauen, durch das offene Fenster. Jemand sagt, das seien Nomaden.

8. November 1960 Nächtliche Störung: Ein Lastwagen fährt vor, Männer wollen in unserem Zimmer übernachten, „draußen ist es so kalt". Sie finden eine andere Unterkunft.

Karawanserei in der Provinz Sistan

Halb 8 Abfahrt. Eine Stunde später macht es einen „Knacks". Alam schaut nach. Auf der holprigen Schotterstraße sind alle vier Federn des Land Rover auf einmal durchgebrochen. Zwei Stunden lang versuchen wir, zum Teil mit freundlich angebotener Hilfe vorbeikommender Lastwagenfahrer, den Wagen zu reparieren, bei dieser Art Panne natürlich ohne Erfolg. Also humpelt das schwere Gefährt im 20 km/h-Tempo weiter.

In Laschkar Gah empfängt uns Mr. Brigham von der amerikanischen Helmand Behörde in der nettesten Weise und versucht zu helfen. Er ist Quäker oder Mormone.

Wir unterhalten uns über die Versalzung in den neu bewässerten Gebieten des Helmand-Tal Projekts. Ganz Nad-e Ali ist versalzt, in Mardscha wird es bald ebenso sein, wenn nicht etwas unternommen wird. Die Siedler aus den Bergen folgen nicht dem Rat der Amerikaner, sie bewässern die Felder zu schnell und mit zu viel Wasser.

Abends esse ich mit allen vier deutschen Lehrern der Technischen Schule in Kandahar. Die fünf Berufsschulen, eine davon nur für die Ausbildung von Lehrern, bilden das Herzstück unserer Entwicklungshilfe in Afghanistan. In Kabul und Khost sind die deutschen Frauen, zum Teil auch die Kinder, bei ihren Männern; in dem besonders konservativen Kandahar leben die Männer ohne Familie.

Sie berichten, zwischen Amerikanern und Afghanen gäbe es keine gesellschaftlichen Beziehungen; das aufwendige Leben der Amerikaner bilde eine hohe Barriere. Das menschliche Klima in Kandahar sei feindselig-religiös. Man könne den Amerikanern nichts vorwerfen.

9. November 1960 Wir übernachten im amerikanischen Gästehaus. Erinnerungen an 1945 in Wiessee tauchen auf: weiß gekleidete Einheimische als Putzkräfte und Bedienung, auf hohen Touren laufende Küche, Nescafe und Peanut-

Butter, schneeweißes Brot, Überfluss und Verschwendung. Im amerikanischen Krankenhaus dürfen nur Amerikaner behandelt werden, ein großes Schild an der Tür sagt es. In Sarabi und Gulbahar, den beiden Plätzen in der Nähe von Kabul, wo viele Deutsche arbeiten, ist es anders, das deutsche Krankenhaus ist für Deutsche und Afghanen da.

Der Landrover muss in Kandahar repariert werden, das wird ein oder zwei Tage dauern. J.T. und ich nehmen das Zwei-Uhr-Flugzeug nach Kabul. Die alte DC-3 schaukelt im Mittagswind so schlimm über den kahlen Bergen, dass ich wieder wünsche, ich wäre zu Fuß gegangen. Um fünf Uhr bin ich, wie man so schön sagt, wohlbehalten zu Hause angekommen, das große Erzählen beginnt.

Zwei heilige Bettler

Wir verbrachten 1960 zum zweiten Mal Weihnachten in Nimla. Nimla ist ein Park, den die Moghul Herrscher vor mehr als 300 Jahren als Rasthaus angelegt hatten, als sie in Kabul lebten und häufig nach Indien reisten. Bis vor ein paar Jahrzehnten eine moderne Autostraße durch die Schluchten des Kabulflusses von der Hauptstadt nach Dschalalabad und weiter nach Pakistan gebaut wurde, führte der Weg in den indischen Kontinent über die Berge und, etwa 60 Kilometer vor Dschalalabad, über Nimla.

In dem alten Park stand zu unserer Zeit ein kleines Häuschen, das offensichtlich für Reisende gebaut worden war, die keine Kaiser waren. Wir hatten zuerst in der Reisebeschreibung eines deutschen Adligen, von Veltheim-Ostrau, der in den 30er-Jahren Afghanistan besucht hatte, von dem Moghulgarten gelesen und kamen darauf, diesen malerischen Ort zu suchen. Wir benutzten die alte Straße nach Peschawar, fanden ihn und verliebten uns in den Park mit seinen riesigen Bäumen und einem breiten Wasserbecken in der Mitte. Wir bekamen einige Male ohne Umstände die Genehmigung, ein paar Tage mit der ganzen Familie oder auch zu zweit hier zu verbringen. Ich kenne niemand, der sonst von dieser einmaligen Gelegenheit Gebrauch machte.

Nimla, 29. Dezember 1960 Frühstück vor dem brennenden Kamin. Dann nehme ich meinen Fotoapparat und verlasse den Park zu Fuß auf der Schotterstraße; später gehe ich quer über die Felder. Ich möchte zu den beiden Malang, den Bettelmönchen, die ich gestern im Vorbeifahren am Rand der Straße sah. Unterwegs komme ich an einem Haus vorbei, dessen Lehmmauer künstlerische Spuren zeigt, Einkratzungen, die von hellen Steinen geschmückt sind und Sterne, Kronen und ein Lastauto darstellen.

Auf großen Steinen überquere ich einen Bach und laufe am Rand von Terrassenfeldern entlang. Zufällig begegne ich dem Afghanen, den ich gestern im Auto mitnahm, als er wartend an der Straße stand. Ich wundere mich wieder über das gutmütige, eigenartig weiche und von Pickeln übersäte Gesicht. Der Mann lädt mich zu einer Tasse Tee ein, sein Haus stehe ganz in der Nähe. Ich vermute – zu Unrecht, wie ich später einsehe – dass er mich be- oder überwachen soll, nehme die Einladung aber an.

Doch meine Hoffnung, einmal in ein einfaches Dorfhaus zu kommen, wird enttäuscht. Der Mann führt mich in eine dunkle, von außen zugängliche Kammer, in der das Federvieh haust. Als ich zeige, dass ich da nicht hineingehen will, trägt er das Tscharpai, das hölzerne Sitzgestell unter einen jetzt kahlen Maulbeerbaum auf den Dorfplatz.

Er legt eine Matratze und ein sauberes Tuch auf ihn, einen Teppich davor, zwei Bauern setzen sich freundlich dazu. Etwas weiter weg hockt eine Reihe kleiner Buben; weil es sehr frisch ist, sind sie bis zu den Nasenspitzen und über den Turban in dünne Tücher gewickelt.

Ein selbstständiges Huhn wackelt vorbei und wird verscheucht, eine groteske, langhaarige Ziege nähert sich schnuppernd, bis man sie hinter die Mauer sperrt. Meine Unterhalter schweigen freundlich. Nach einiger Zeit steht einer auf und bringt zwei Granatäpfel, deren Kerne süß, saftig und „be dana", ohne Steine sind und gut schmecken.

Langsam und mit Mühe kriege ich heraus, dass die Männer zum Stamm der Chugiani-Paschtunen gehören, der 30 000 Häuser zählt und sesshaft ist. Der Khan lebe in den Safed-Koh-Bergen an der Grenze zu Pakistan, sein Vorgänger wurde aus Gründen, die ich nicht verstehe, vor 10 Jahren nach

Maimana, an der sowjetischen Grenze verbannt. Ein paar Bauern gehen im Sommer mit den Ziegen in die Berge.

Nach einer Stunde kommt endlich mein Gastgeber mit einem sorgsam zugedeckten Tablett. Er bringt mit Milch und Honig vermischten Tee, dazu süße Pfannkuchen, frisch gebacken und noch warm. Die beiden Unterhalter bekommen grünen Tee. Wir essen schweigend. Dann sind die Formalitäten beendet. Der Mann hat sich fürs Mitgenommenwerden erkenntlich gezeigt. Ein Junge bringt mich an die Straße. Ich gehe allein weiter.

Schon bald stoße ich auf den ersten Malang-Derwisch. Die Malang sind eine Art Volksheilige, die es, soweit ich weiß, vor allem in Afghanistan und im Westen Pakistans gibt, also in einem Gebiet, in dem sich muslimische mit indischen Formen von Religiosität mischen.

Sie drücken ihre Sehnsucht nach Gott durch ihre asketische Lebensweise aus: keine Familie, kein Besitz, nicht einmal einen festen Wohnsitz; sie leben von Almosen.

Oft werden ihnen besondere Kräfte zugeschrieben: Dass sie die Zukunft sehen, in schwierigen Situationen Rat erteilen oder heilen können. Viele Menschen, nicht nur auf dem Land, unterhalten Beziehungen zu einem Malang und suchen ihn gelegentlich auf.

Dieser hier hockt hinter einem ausgebreiteten Tuch, dort werden die Almosen hingelegt. Er hat den Kopf wie ein scheuer Raubvogel zwischen die Schultern geduckt. Ich übergebe ihm meine Gabe.

Er breitet die Hände aus und murmelt recht oberflächlich ein Gebet, dann zieht er sich wieder in sich zurück und schaut mich aus harten, scheuen, weltabweisenden Augen von unten an. Ich frage ihn, wo er wohnt? – In den Bergen. Ich fotografiere ihn, versuche ein paar freundliche Worte. Dann gehe ich weiter.

Derwisch am Straßenrand

Zwanzig Minuten später treffe ich den zweiten Malang. Neben ihm hängt an einer hohen, beflaggten Stange die traditionelle Bettelschale, die ausgehöhlte Schale einer Frucht in Form eines Schiffchens, die mit silbernen Ornamenten leicht verziert, von einer Kette festgehalten wird.

Der Fakir, so wird er auch genannt, sieht eindrucksvoll aus. Er hat ein großzügiges Brahmanengesicht mit Bart und einer langen Nase. Als ich mich nähere, redet er gerade vornehm und temperamentvoll auf ein paar Dörfler ein, die vorbeigekommen waren. Sie fordern mich freundlich auf, mich zu ihnen zu setzen. Der Malang erzählt seine Geschichte weiter. Ich kann nur „Ingilis" (Engländer) und „Kafir" (Ungläubiger) verstehen.

Dann entschuldigt er sich und wendet sich mit einem seiner Freunde der Wasserpfeife zu. Endlich brennt sie. Die beiden Männer widmen sich unter ununterbrochenem Husten und Spucken dem Genuss des Rauchens. Ein Bauer treibt zwei Esel vorbei und legt als Gabe eine Rübe vor den Malang.

Nun unterhalten wir uns etwas; leider verstehe ich das Persisch der Leute nur schlecht. Der Malang ist seit seiner Kindheit Bettler. Er bettelt an zwei öffentlichen Plätzen und an einem Heiligengrab (ziyarat). Er ist nicht verheiratet. Ich frage ihn, ob ich ihn fotografieren darf. – Ja, aber später! – Wieso? Plötzlich nimmt er seine braune Mütze ab. Eine Flut grauschwarzer Haare kommt zum Vorschein.

Er striegelt sie sorgfältig mit dem Kamm. Während ich meinen Apparat einstelle, setzt er ein wildes, unheimliches, aber gutaussehendes Gesicht auf. Er hockt sich frontal vor mich und lässt sich aufnehmen. Ein paar Lastautos kommen vorbei. Bei einem stellt der Malang sich mit ausgebreiteten Armen an die Straße, bei den anderen lässt er sich in seiner Unterhaltung nicht stören.

Passanten mit komisch umgestülpten Wollmützen und Ohrringen, die Gesichter dunkel als seien es Köhler, und ein eitler Junge, der die ganze Zeit in den Apparat lächelt, dürfen an der Wasserpfeife ziehen.

Als ich mich verabschiede, fordert der Malang mich auf, wieder zu kommen, gleichzeitig erinnert er mich daran, dass ich noch nichts gespendet habe. Nachdem das erledigt ist, wandere ich zurück. Der erste Malang hockt noch am alten Platz am Straßenrand. Er wirkt abweisend und unwirsch.

Ein islamischer Jurist

29. März 1961 Bei amerikanischen Bekannten hatte ich Musa Schafiq Kamawi kennen gelernt. Er ist der Sohn eines der wichtigsten geistlichen Richters des Landes. Der Vater ist zu alt für ein Amt; er lebt auf seinen ausgedehnten Besitzungen im Kunar-Tal. Seine Frau, Musas Mutter, verlässt, wie er erzählt, nie das Haus.

Musa Schafiq studierte in Kabul, Kairo und in den USA Theologie und Rechtswissenschaften. Er ist der einzige Afghane, den ich kenne, der sowohl im islamischen wie im westlichen Rechtssystem bewandert ist. Zur Zeit arbeitet er als Abteilungsleiter im afghanischen Justizministerium; vorher gründete er das erste afghanische Rechtsberatungsbüro.

Im letzten Jahr lernte ich ihn besser kennen. Wir unterhielten uns gern miteinander, unser Gespräch wurde persönlicher. Musa äußerte offen sein Bedauern über den unzulänglichen Zustand des afghanischen Rechtswesens. Die juristische Fakultät der Universität Kabul, der einzigen des Landes, sei ohne Beziehung zum lokalen Recht, die theologische Fakultät, die allein künftige Richter ausbilde, biete keine Vorlesung über das westliche Recht an. Er hielt es für ausgeschlossen, dass sich das hiesige Scharia-Recht wie bei den Nachbarn zu einem brauchbaren Zivilrecht entwickelt.

Das Kabinett ändere Gesetzentwürfe wieder ab, die er im Justizministerium vorbereitet hatte, aus Angst und aus Unkenntnis. Er sagt, er sei angewidert vom Wort „Fortschritt". Das Kabinett wollte die Einehe gesetzlich festlegen, weil das als „fortschrittlich" gilt; dann bekam es Bedenken und ließ diesen Plan wieder fallen.

Im neuen Ehegesetz wurde auch versucht, die Kinderehe abzuschaffen. Aber das Kabinett war dagegen. Wenigstens gelang es, sie zu erschweren; beim Abschluss muss ein Vertreter des Staates anwesend sein. Früher wurden Kinderehen oft geschlossen, um Familienstreitigkeiten beizulegen, die Frau zu ärgern u. Ä. Die Ehe ist voll gültig, auch wenn die Partner erst fünf oder sechs Jahre alt sind. Im Gefängnis sitzt ein Mädchen, weil es sich weigert, mit dem Mann zusammenzuleben, mit dem es verheiratet wurde, als es sieben Jahre alt war. – Wie lange muss das Mädchen im Gefängnis bleiben? – Bis sie aufgibt!

Ein weiterer Paragraph, den Musa vorgeschlagen hatte, wurde vom Kabinett ebenfalls gestrichen. Er gab auch den Frauen das Recht, sich scheiden zu lassen.

Der Paschtunistan-Frage stand er zynisch gegenüber; die afghanische Nachrichtenagentur verbreite konstant die Unwahrheit über „Kämpfe" in Pakistan. Er hat vor, die Stellung im Ministerium aufzugeben, um zu schreiben, als Berater zu wirken, Deutschland zu besuchen.

Bei schiitischen Sängern

28. April 1961 Freitag Nachmittag. An diesem Feiertag wollte ich zu dem großen Gräberfeld reiten, das außerhalb Kabuls jenseits der Burg liegt, die mit ihrem Hügel unser Viertel, Schahr-e Nau, nach Norden abschließt. Dort liegen Heiligengräber (ziyarat), die unter einem mächtigen Baum stehen und von vielen Menschen aufgesucht werden. Die ganze Gegend ist autofrei; sie wird nur von Fußgängern und Reitern, selten von einer Pferdedroschke besucht.

Ich benützte zuerst den schmalen Fahrweg, der durch eine Sumpfwiese führt, durch die ich gern reite. Da es in letzter Zeit öfter geregnet hat, war sie mit Wasser bedeckt, nur alte Halme schauten aus der glatten Fläche, in der sich das Gebirge spiegelte. Immer wieder begegnete ich Fußgängern, die mir freundlich zuwinkten. Auf einer kleinen Landzunge hockten Wäscher bei der Arbeit.

Etwas erhöht stand ein großes Marmor-Ziyarat. Ich ritt hinauf, bog aber kurz vorher ab, weil ich noch weiter oben ein einzelnes Lehmhaus entdeckte, das halb von roten Judasbüschen versteckt wurde. Als ich näher kam, sah ich, dass das Haus aus zwei Flügeln bestand. Die rechteckig einander zugewandten Innenmauern bestanden aus hölzernen Säulenreihen, reich geschnitzt, so schön, wie ich es hier noch nie gesehen hatte. Hinten im Winkel stand ein weißes Steinhäuschen. Es war mit dem Namen Allahs und einem Bild der Kaaba in Mekka bemalt. Die Türe führte über ein paar Stufen zu einer heiligen Quelle, die aus dem Fels sprudelte. Laufend kamen Männer und Frauen, um daraus Wasser in ihre Flaschen zu füllen. Das ganze Gebäude diente offenbar dem Schutz und der Verehrung der Quelle.

Ich führte mein Pferd am Zügel auf den Weg zurück und galoppierte ein anderes kleines Tal hinauf. Auch hier gab es religiöse Gebäude, zu denen Menschen pilgerten.

Der Pfad endete vor einer offenen, mit Namen, Blumen und Sträuchern bemalten Moschee; ein Bach floss vorüber, kräftige Platanen spendeten Schatten. Die Männer, die herumhockten oder herumgingen, waren Hazaras. Händler verkauften aufgeweichte Erbsen und Süßigkeiten. Etwas tiefer, am Bach, hatte man aus Ästen ein Gestell gebaut und Tschadris darübergehängt; dahinter picknickten die Frauen.

Auf dem schattigen Dach der Moschee saß eine Gruppe Männer. Rezitativ-Gesang drang durch das noch frühlingshaft dünne Laub der Platanen. Es kam von einem Mann, der, eine reich verzierte Axt in die Höhe haltend, singend auf und ab ging.

Ich band mein Pferd neben der Straße an, setzte mich auf den Rand eines leeren Marmorbeckens und hörte zu. Sofort kam jemand vom Dach herunter und lud mich zum Tee ein. Zuerst sagte ich nein, denn ich hatte kein Geld für eine Gegengabe oder eine Spende dabei. Dann kam ein Junge, 17 oder 18 Jahre alt, sprach mich auf Deutsch an und wiederholte die Einladung. Nun nahm ich gern an und folgte den Hang hinauf aufs Dach.

Die anderen Männer begrüßten mich freundlich. Einer von ihnen war der Mullah. Einige der Anwesenden sagten, sie seien wie der Junge Schüler oder ehemalige Schüler der Nedschat-Schule, andere waren Schneider, Schreiber, Beamte im Büro des Ministerpräsidenten, Automechaniker.

Bald fing der Sänger, es war der „Mudir", der Beamte aus dem Präsidialbüro, wieder an zu singen, dazu kniete er sich auf den Boden.

Der ruhige, gleichmäßige Rhythmus seines Gesangs lässt sich schwer beschreiben. Die Töne kamen halblaut aus seinem Inneren, die Melodie bewegte sich in kleinen Stufen nach oben und nach unten; gelegentlich wurden sie von einem lang ausgehaltenen Ton oder einer Koloratur unterbrochen. Soweit ich, auch mit Hilfe des Nedschat-Schülers, mitbekam, waren es meistens Liebeslieder. Ich bot dem Sänger meinen Tee an. Die Tasse in der Hand begann er ein Lied zu rezitieren, in dem der Liebhaber das Bild der Geliebten in der Tasse sieht; ihr Auge ist wie der Wein im Becher, vom Anblick allein ist er berauscht; Feuer ist in den Becher gefallen und verzehrt ihn. Der Sänger sang seine Worte mit mehr oder weniger improvisierter Melodie.

Er begleitete sie mit einem weichen, aber stark bewegten Minenspiel und auf die Zuhörer gerichteten rhythmischen Bewegungen des Unterarms.

Die Männer um ihn herum hörten aufmerksam zu. Es war offensichtlich, dass allen die Worte bekannt waren. Passte einer der Buben nicht auf, so wies man ihn zurecht. War eine Partie besonders schön oder gut gelungen, so schnalzten sie mit der Zunge, wackelten bewundernd mit dem Kopf oder sprachen die Worte mit.

Nachdem der Mudir zu Ende gesungen hatte, sprach er mit uns. Er erzählte, er schlafe nachts nur eine Stunde, die übrige Zeit lerne er Verse auswendig. Er habe 8000 – 9000 Gedichte im Kopf; ein anderer Hazara, der neben ihm saß, wisse sogar 10 000 auswendig. Alle waren Freunde. Später würden sie sich in Paghman, Karez-e Mir oder anderswo treffen und weiter singen.

Ich wurde herzlich zum Mittagessen eingeladen. Jetzt fing aber mein Pferd an, unruhig zu werden. Ich musste es erst nach Hause bringen, bevor ich die Einladung annehmen konnte.

Ich brach auf und nahm den kürzesten Weg durch die Altstadt. Die Mittagssonne ließ die blauen und braunen Tschadris, hellen Turbane, roten Hemden der Buben magisch aufleuchten. Zwischen ihnen breiteten sich Verkaufsstände aus, fliegende Händler boten ihre Waren an.

Zuhause kehrte ich gleich um und fuhr mit dem Auto den Weg zurück zur Moschee. Das letzte Stück ging ich zu Fuß. Ein junger Mann, der fließend englisch sprach, begrüßte mich; er war Mathematiklehrer an der englischsprachigen Ghazi-Schule, arbeitete aber seit zehn Jahren als Dolmetscher für eine japanische Firma. Wir setzten uns wieder aufs Dach der Moschee, der Mudir sang seine Lieder, wie es schien aus reiner Freude am Singen.

Eine halbe Stunde später gingen wir zum Essen in das Haus des Moscheewächters nebenan, eines schönen, graubärtigen Mongolen. Ein Fenster öffnete sich auf die Weite von See, Ebene, Stadt und Bergen, ein anderes auf die Kronen der Bäume im Tälchen. An der Decke hingen etwa ein Dutzend Holzkäfige für die kleinen Singvögel des Wächters. Alle trugen bunte Stoffüberzüge, die das Innere abdunkelten – damit die Vögel abends schöner singen, sagten meine Begleiter.

Ein fleckiges Tischtuch wurde auf den Boden gebreitet, Schüsseln mit braunem Reis, Spinat und Fleisch daraufgestellt. Die Freunde sprachen nur wenig, aber sie erzählten, dass sie sich schon gestern Abend getroffen, bis drei Uhr nachts gesungen und dann hier im Haus geschlafen hätten.

Nachmittags wurde wieder gesungen. Zum Tee verteilte ich die Schokolade, die ich mitgebracht hatte. Der Sänger packte das Meiste für seinen Sohn ein, die anderen knabberten aufmerksam wie an etwas Kostbarem. Einer nahm nichts an, weil er den Bären auf der Berner Schokolade für ein Schwein hielt.

Dann wurde ich auf einen losen Autositz vor das Haus gesetzt. Die meisten Männer gingen in die Moschee. Ich hatte das Gefühl, es sei Zeit, sich zu verabschieden. Aber meine neuen Freunde forderten mich auf zu bleiben. Sie führten mich in die Moschee und stellten einen Sitz für mich so auf, dass ich die Männer, die schon auf dem Boden hockten, direkt vor mir hatte.

In ihrer Mitte schritt ein alter Hazara ganz langsam auf und ab, bei jedem Schritt einen Holzstock vor sich setzend, und sang mit gepresster Stimme ein monotones religiöses Lied. Später übernahm ein etwas jüngerer Mann unten im Hof den Gesang und den Stock, ein anderer, der auf den Stufen saß, folgte mit einer anderen Melodie und einem anderen Rhythmus. So wechselten sich mehrere Sänger ab. Die meisten schritten ernst und konzentriert in der Moschee oder im Hof auf und ab. Die enorme Länge der Gedichte und die Lautstärke des Vortrags erforderten sichtlich große Kräfte. Dann wurden Gedichte ohne Gesang vorgetragen. Mit viel Ausdruck und Leidenschaft schmetterte, ja schrie ein Junge die letzten Verse seines Gedichts in alle Richtungen, in denen Hörer saßen. Ein Erwachsener, der folgte, geriet ebenfalls in Erregung; er endete sein Gedicht mit sichtbarer innerer Bewegung und sich fast überschlagender Stimme.

Die meisten Anwesenden hörten aufmerksam zu, bis die Reihe an sie kam. Trotzdem riss das Kommen und Gehen nicht ab. Fahrräder wurden abgestellt oder wieder mitgenommen, verschleierte Frauen, dunkle schöne kleine Töchter an der Hand, schritten über den Hof ins Innere des Heiligtums und kamen später wieder heraus. Männer wechselten den Platz oder gingen weg.

In der Mitte des Hofs stand eine Holzstange, deren Spitze aus einer geschnitzten, nach oben gestreckten Hand bestand. Der Name des Heiligtums war Pandscha-ye Schah (Hand des Königs), womit Ali, der Nachfolger des Propheten gemeint war. Das Heiligtum und die religiösen Zeremonien waren schiitisch. Die Menschen pfelgten ihre religiöse Tradition mit besonderer Intensität. Alle neu Ankommenden küssten die Stange mit der Hand Alis.

Afghanische Demokratie

28. März 1961   Ich lernte bei Bekannten J. P. Singh kennen,
einen indischen Anthropologen, der seit eineinhalb Jahren
im zentralafghanischen Andarab-Tal lebt. Er wurde zuerst
Ingenieur, weil der Vater es wollte, studierte dann aber in
Manchester Anthropologie. Aufgrund seines langen Aufenthalts in einem afghanischen Dorf kennt er sich besser mit dem
sozialen Leben der Afghanen aus, als alle anderen Fachleute,
die ich bisher traf. Er erzählte von Wahlen in Andarab. Es
wird für zwei Körperschaften gewählt: für die Große Nationalversammlung und für den Provinzrat.

Nationalversammlung: Jeder Hakim (Landrat) stellt eine
Liste vertrauenswürdiger Personen, natürlich nur Männer,
zusammen und bespricht sie mit dem Gouverneur. Der wählt
einen oder zwei davon aus, die ihm geeignet erscheinen. Am
Wahltag werden alle (männlichen) Bewohner des Landkreises
zusammengerufen, die Kandidaten werden vorgestellt. Die
Wahl erfolgt dann so, dass Name und Nummer des Personal-
ausweises in eine Kandidatenliste eingetragen werden.

Wichtiger sei der Provinzrat, je sechs bis acht Männer
in jeder Provinz. Ein Mitglied des Provinzrats verfügt über
Einfluss beim Gouverneur und über ein Mitspracherecht bei
Gerichtsentscheidungen. Das Verfahren ist im Grunde das
gleiche, aber die Bevölkerung wirkt stärker mit. Dorfversamm-
lungen, an denen kein Vertreter der Regierung teilnimmt,
diskutieren über die ihnen geeignet erscheinenden Kandidaten. Andarab hat vier Bezirke, die nicht mit den Regierungs-
bezirken übereinstimmten und rotierend Abgeordnete stellen.
Es gibt eine Art Lotterie unter den Kandidaten und Druck
auf den Gouverneur, den dort Gewählten anzunehmen.

Singh sagt, die Menschen in Andarab seien demokratischer als wir denken. Sie würden sich besser in ihren Bezirken auskennen und seien „absolutely fit for a European form of democracy". Demokratie würde weitgehend funktionieren. Willkürmaßnahmen der Regierungsvertreter seien insofern Grenzen gesetzt, als die Stellung des Hakims, auch des Gouverneurs gefährdet ist, wenn er zu selbständig handelt, einen Kandidaten nicht akzeptiert u.Ä.

Die Paschtunen seien unter den afghanischen Ethnien am wenigsten geeignet für demokratisches Verhalten. Sie würden sofort die Regierung abschaffen, selbst den König. Der Ministerpräsident, Prinz Daud, sei unbeliebt wegen seiner Innenpolitik. Die Außenpolitik werde akzeptiert, man sehe, dass Hilfe ins Land komme, neue Projekte in Angriff genommen würden. Aber er kümmere sich nicht um das Volk. Er reise wenig; nach einer ersten strengen Phase habe die Korruption wieder zugenommen.

Die Russen, die in der Nähe an der Salangstraße arbeiten, seien schlecht angesehen. Sie wären selbst hungrig und würden im Gastland zu viel kaufen, zu viel essen. Ihre Bezahlung und ihr Verhalten würden nicht geachtet. Man hätte nicht vergessen, dass sie in unmittelbarer Nachbarschaft Afghanistans Buchara und Samarkand erobert und beherrscht haben.

Die Loya Dschirga, die große Ratsversammlung, sei das einzige wirkliche Parlament der Afghanen. Wichtige Entscheidungen wie 1941 die Ausweisung der Deutschen, 1948 der Heilige Krieg gegen Pakistan, 1955 die Annahme der sowjetischen Hilfe wurden durch dieses Gremium gebilligt. Wer wird in die Dschirga entsandt? – Die Männer, die wirklich etwas zu sagen haben, religiöse Führer, angesehene Persönlichkeiten, wohlhabende Mitglieder der Gemeinde.

Persönlichkeit setze sich durch, auch wenn kein Reichtum dahinter steht, sondern ein offenes Haus, Sorge für die Anderen, ständige Gastfreiheit, Gerechtigkeit, Weisheit.

Singh sagt, Afghanistan sei das einzige Land der Welt, in dem die Stammesorganisation noch ungestört funktioniert. In der Provinz sei die Macht des Staates beschränkt; man verfüge über eine tragfähige Schicht selbstbewusster Männer, die im Stamm für Ordnung sorgten. In Andarab gebe es keinen Soldaten in Uniform. Das Stammesleben sei kaum angetastet. Selbst der König hänge davon ab.

Teehaus in der Nähe von Kabul

Singh interessiert sich auch für das religiöse Leben der Afghanen. Soweit er wisse, besitzen religiöse Führer nördlich des Hindukusch keine metaphysischen Qualitäten, nur moralische und politische. Es gebe keine Ekstase oder Versenkung. Ich halte Singhs Urteil hierfür zu kritisch; ich hatte von Trautmann Geschichten über Sayyid Dschan, einen religiösen Führer, und von seiner mystischen und ekstatischen Ausstrahlung gehört, die ich Singh erzählte. Singh hielt Trautmanns Ansicht, dass dieses Phänomen aus Indien kommt, für plausibel.

Singh sagte, in Andarab hätten die Frauen eine starke Stellung, Frauen könnten eine Scheidung erzwingen und Freier ablehnen; über andere Phänomene wie Ablegen des Schleiers oder Nicht-Teilnahme am öffentlichen Leben stehe uns kein Urteil zu. Er selbst habe nur einmal die Mutter eines Freundes gesehen, sonst in den ganzen eineinhalb Jahren keine Frau.

Andere Elemente dessen, was er berichtete, waren: Dass die Menschen frei vom Gelddenken seien; dass sie nur dann etwas für einen anderen Menschen tun, wenn es ihnen passe, wenn sie jemand mögen oder der Andere sie durch etwas zu Freundschaft verpflichtet habe.

Zur Frage der Prostitution meinte Singh, sie sei auch schon vor der Aufhebung des Schleierzwangs vor einem Jahr verbreitet gewesen. Unter Afghanen war das kein Geheimnis, auch wenn Ausländer das für ausgeschlossen hielten. Die Zahl der Prostituierten sei recht groß, sie seien polizeilich geduldet, weil sie Bakschisch einbrächten. Grundsätzlich ist Prostitution streng verboten. Ob es sie auch in den kleineren Provinzstädten gebe, sei zweifelhaft. Sicher wäre, dass auch in der Provinz männliche Prostitution existiere, das heißt Prostitution von Knaben. In Pul-e Chumri oder Aybak existierten richtige „Nachtclubs", in denen Knaben zur Musik tanzen und täppische Bauern und Händler zu ihrem

Verdutzen am Kinn streicheln. Batscha-bazi sei ein beliebter Zeitvertreib von lebenslustigen jungen Männern, die die Gesellschaft von Frauen, mit denen sie nicht verheiratet sind, entbehren. Sie kaufen sich einen Jungen und putzen ihn mit bunten Fetzen und Glöckchen heraus. Sie bringen ihn im Keller unter und lassen ihn abends vor Freunden tanzen und sich unterhalten. Nicht alle, die das tun, schlafen auch mit ihnen, aber viele.

20. Mai 1961 Der Vater von Musa Schafiq, ein alter Geistlicher der konservativen Schule und bis vor kurzem einer der höchsten Richter Afghanistans, glaubt, dass in 14 Jahren der Mahdi kommt. Das erzählte mir Singh im Auto nach Dschabal Seradsch. Dieser Glaube sei im ganzen Islam verbreitet; der Mahdi erscheine kurz vor dem Jüngsten Tag, um die Seelen aufzurufen. Er werde aber nicht erkannt, sondern verfolgt. Dann komme der letzte Tag, das Ende der Welt.

Vater Schafiq meint, aufgrund von Prophezeiungen des Koran und anderer islamischer Quellen sei das Auftreten des Mahdi in allernächster Zeit zu erwarten. Singh ist der Ansicht, so äußere sich Unzufriedenheit mit aktuellen politischen und sozialen Verhältnissen. Der Mahdi soll die bestehende soziale Ordnung umwerfen, Brüderlichkeit wiederherstellen und zuletzt der Religion zum Sieg verhelfen.

Volksheilige

Chost, 4. Juni 1961 Herr Dastagir, ein afghanische Lehrer an der Berufsschule in Chost, nahm mich heute mit zu dem Fakir von Baq, der in einem Ziyarat an der pakistanischen Grenze lebte.

Nach der Begrüßung fragte der Fakir mich, ob ich einen Wunsch hätte. Ich verneinte; ich wollte ihn kennenlernen, einem religiös so herausragenden Menschen begegnen. Schweigen. Ob ich Kinder hätte? – Ja, vier. Buben oder Mädchen? – Je zwei. Beste Wünsche. Schweigen.

Dann kamen Ratschläge. Sein Sohn gab sie in verständlicher Rede auf Paschto weiter, Dastagir übersetzte mehr schlecht als recht ins Englische:

Ich solle Geduld haben, wenn mir jemand etwas Schlechtes antut, nicht niedergeschlagen oder traurig werden. Mit Geduld würde ich Erfolg haben. Ich fragte mich, ob er gefühlt habe, dass ich die Peckert-Geschichte noch immer nicht ganz verwunden hätte. Wenige Monate nach meiner Versetzung als „Zweiter Mann" an die Botschaft in Kabul war mir ein älterer Kollege vor die Nase gesetzt worden. Und als der Kabul verließ, rückte sein Nachfolger, der nur wenig älter war als ich an dessen Stelle nach.

Meine Frage, ob Erfolg denn so wichtig sei oder ob er nicht die Verwirklichung geistiger Ziele eher störe, wurde nicht beantwortet. Vielmehr fuhr der Fakir mit seinen Ermahnungen fort. Sei nicht so diktatorisch! Sei gut zu den Gästen! Sei nicht sparsam gegenüber der Familie! Ich musste lachen und fragte, ob er denn den Eindruck habe, dass ich diktatorisch etc. sei. Da sagte er etwas, das mich wieder zentral traf: Viele Menschen können böse sein und Anderen etwas Schlechtes antun. Aber nur ganz wenige seien fähig, gut zu sein und Gutes zu bewirken. Man (ich) solle sich deshalb bemühen, gut zu sein und den Menschen zu helfen.

Zwischendurch ging der Fakir weg, um zu beten. Nachdem er zurückgekehrt war, fuhr er fort: Wichtig wäre das Gebet für die Kinder. Und abschließend: Ich sei ein guter Mensch und hätte hohe Gedanken im Kopf.

Als ich den Choster Lehrer fragte, wie der Heilige zum Fakir geworden sei, erzählte er eine seltsame Geschichte: Schon in seiner Jugend sei der Fakir „verrückt" gewesen, besessen, „diwana" ein Begriff, der hier noch die volle Doppeldeutigkeit des Verächtlichen und des Ehrfurchtsvollen, des geistig Minderwertigen und des Religiösen ausdrückte. Er wohnte einsam in den Bergen und redete mit niemandem. Eines Nachts hatte er einen Traum: Er erhielt den göttlichen Befehl, an einer bestimmten Stelle zu graben. Das tat er am nächsten Tag und fand einen Schatz. Damit baute er die Moschee, in der er jetzt lebt, und ein schönes Haus, außerdem gehörte ihm viel Land. Er hörte auf „diwana" zu sein und widmete sich einer Tätigkeit als religiöser Berater, dem Gebet, der Ermahnung. Er gehe nicht nach Kabul, nicht zur Loya Dschirga, obwohl seine Macht dafür groß genug sei.

26. Mai 1961 An diesem Freitag, dem letzten Feiertag am Ende des Ramadan, fuhr ich mit Herrn Trautmann und J.P Singh nach Dschabal Seradsch. Trautmann wollte uns mit dem dort lebenden Heiligen Sayyid Dschan, einer der angesehensten religiösen Persönlichkeiten des Landes, bekannt machen. Silvia wäre gern mitgekommen, aber Trautmann sagte, das gehe nicht.

Im Auto war Trautmann still und sprach mit keinem von uns; Singh erzählte von Andarab. In den Basargassen von Dschabal Seradsch waren auch an diesem hohen Feiertag die meisten Läden geöffnet. Auf einem kleinen Platz hockten

Männer zusammen, um einem Sänger zuzuhören, der, eine Hand aufs Ohr gelegt, hin und her ging und Geschichten von Ali sang.

Gegenüber der Textilfabrik stellten wir das Auto ab und gingen auf einem schmalen Pfad zwischen Mauern und Wiesen zum Ziyarat, dem lokalen Heiligengrab. Dort lebte der Pir. Wie üblich flatterten am Eingang bunte Fahnen an einer hohen, mit Tüchern umwickelten Stange.

Trautmann hatte uns angemeldet. Ein Angestellter empfing uns an der Tür und führte uns in den kleinen Hof. In den Gängen drängten sich Frauen; hinter ihnen tauchte kurz die weiße Gestalt des Mannes auf, den wir besuchen wollten. Wegen der Anwesenheit der Frauen bat man uns, draußen zu warten. Dann aber erkannte der Heilige Herrn Trautmann, der ihn schon oft besucht hatte, und ließ uns wieder hereinbitten. Man setzte uns auf ein Bettgestell, rückte Tische davor und servierte Tee. Wir konnten in Ruhe die ungewöhnliche Atmosphäre des Ortes auf uns wirken lassen.

Gegenüber des Raums, in dem wir warteten, befand sich die Moschee, in der der Heilige auch wohnte, ein einfacher Bau mit einer Holzsäulen-Arkade. Dort hockte, für uns kaum sichtbar, Sayyid Dschan auf einem ähnlichen Gestell wie wir. Die Frauen, von ihrer Tschadri verhüllt, kauerten vor ihm auf dem Boden, weitere drängten sich auch von außen ans Geländer des Säulengangs, eine davon sogar nur in Mantel und Kopftuch; vor kurzem hatte ja der König den Schleierzwang aufgehoben. An die Wand waren Worte wie Allah und Bismillah gemalt, daneben hing ein Radio und verbreitete afghanische Musik.

Nach 10 Minuten standen die Frauen auf und gingen demütig hinaus. Der Heilige verlangte ein Glas Wasser. Dann ließ er sich von seinem Schüler auf dem Rücken, wild um sich blickend, zum anderen Ende der Veranda tragen und wieder auf einem Sitzbett absetzen. Wir wurden aufgefordert, näher zu kommen. Zusammen mit anderen Männern setzten wir uns vor Sayyid Dschan auf den Boden. Laufend betraten weitere Besucher den Raum. Bevor sie sich niederließen, küssten sie die gleichgültig gereichte Hand des Alten und führten sie an Stirn, Augen und Mund.

Der Heilige saß starr auf seinem Bett. Plötzlich kamen unvermittelt Worte, Flüche, Schimpfworte aus seinem Mund; die Augen blickten wild und, wie es schien, voll Verachtung nach vorne. Singh verstand das Meiste: „Was wollt ihr von mir? Bin ich dazu da, mich um eure Wünsche zu kümmern? Du willst einen Urenkel und ich soll dir dabei helfen. Was geht mich dein Urenkel an? Ich schlafe mit deiner Enkelin, dann kriegst du deinen verdammten Urenkel." Was er sagte, war noch heftiger, kreischender, wütender, eruptiver. Jeden Moment schien es, als wolle er aufspringen und die Bittsteller verprügeln. Das letzte Mal verletzte er aus Versehen Trautmann so im Gesicht, dass seine Nase blutete, obwohl der nicht mit einem Anliegen, einer Bitte, zu ihm gekommen war wie alle anderen Anwesenden.

Jetzt bekam der Heilige etwas Dämonisches, eine übermächtige Energie ergriff von ihm Besitz, etwas, das ihn unendlich weit über die vor ihm sitzenden Menschen mit ihren Wünschen und Hoffnungen zu tragen schien. Er bebte und zitterte und stieß unverständliche Laute aus. Warum blieb er trotz seiner Verachtung, trotz seines Hasses bei den Menschen? Um ihnen ein Zeichen zu geben, dass es eine andere Welt gibt? Und wie spricht er mit Frauen?

Dieser Zustand hielt 20 Minuten an. Dann ließ er sich von dem Jünger, der hinter ihm saß und ihn gestützt hatte, wieder auf den Rücken packen und durch die um ihn herum sitzenden Männer ins Haus tragen. Ich sah, wie er im Raum stand. Er wollte, wieder geschüttelt von einem Wutanfall, auf uns zugehen. Da packten ihn zwei seiner Schüler und drängten ihn ins Haus zurück.

Die Afghanen gingen nach draußen, wir mit ihnen. Ein paar Meter weiter, am Rand eines rauschenden Flusses, stand ein luftiger Pavillon, ein rundes Holzgestell, an dem Weinreben hinaufkletterten. Nach kurzer Zeit sahen wir, dass Sayyid Dschan sich jetzt hier aufhielt. Etwas später trug man ihn heraus. Er wurde nicht weit entfernt von uns wieder abgesetzt. Wir nahmen Platz in dem kleinen Bau und schauten auf die winzige weiße Gestalt, die jetzt schweigend unweit von uns thronte.

Es war schön, unter dem Geräusch des Windes in den Baumkronen und dem Rauschen des Flusses zu unseren Füßen zu sitzen, ruhig, gelöst, aber auch aufgewühlt und aufmerksam auf die weiße Gestalt. Sie bewegte sich nicht.

Leider dauerte das nicht lange. Ein Diener übergab Sayyid Dschan drei Zuckerhüte. Dieser nahm sie, küsste sie und gab sie dem Diener zurück. Der gab einen Herrn Trautmann, einen mir, einen Singh. Trautmann stand auf und verabschiedete sich.

Ich blieb noch sitzen. Ein paar Minuten später machte der Heilige eine Fingerbewegung in meine Richtung. Ich reagierte nicht sofort, zögerte, wusste nicht, was tun. Der Mann, der zu meinen Füßen hockte, stand auf, ging zum Heiligen, küsste ihm die Hände und ging. Auch ich stand auf, verneigte mich und folgte meinen beiden Begleitern zum Auto.

Auf der Heimfahrt redeten wir kaum. Trautmann erzählte, Sayyid Dschan sei nicht immer so ausgeliefert an Aggression und Verachtung gewesen. Er hätte früher prophetenhafte Reden gehalten, gesungen oder geschwiegen. Als Trautmann ihn wieder einmal besuchen wollte, war er krank. Er wirkte verklärt und gelöst wie ein Engel. Sprach er nie mit den Menschen?, fragte ich Trautmann. – Nein. Die Leute sagten: Er existiert.

Stausee unweit von Kabul

Impressionen

Ich füge meinen Aufzeichnungen ein paar Texte an, die ich während meines Aufenthalts in Afghanistan für meinen Vater schrieb und ihm zum Geburtstag schickte. Sie waren ein Versuch, meinen Eltern etwas von dem Zauber zu vermitteln, dem ich in Afghanistan erlegen war.

Tatta Wenn du vom Meer im Süden kommst und den großen Strömen entlang nach Afghanistan fährst, so musst du erst einmal viel Wüste durchqueren. Nur ein paar dürre Tamarisken beleben sie. Nicht weit vom Indus steigen die starken, harmonischen Konturen anonymer Vorberge aus dem roten Schleier des Sandsturms. Tatta ist die Gräberstadt einer Moguldynastie. Unter ernsten Kuppelbauten liegen die Gräber der fremden Könige. Die Vornehmheit der Linien, die Ordnung der Ornamente, der freie Übergang von Fläche zu Tiefe heben jedes Gefühl des Verhaftetseins auf. Zwischen den Gräbern bricht sich, vom Sandstaub getrübt, das Bild der Sonne in einem mit Lotosblüten bedeckten Teich.

Nomaden Wo wir leben, gibt es viele Nomaden. Jedes Frühjahr verlassen sie die feucht-schwülen, palmenbestandenen Ufer der Ströme Indiens und wandern mit ihren Familien, ihrem Vieh und ihrer Habe in die harten Berge Afghanistans. Die geduldigen Kamele tragen das Ziegenhaargewebe der schwarzen Zelte, die Stützstäbe und Teppiche, Decken, Kessel, Hühner, Lämmer, und die Schmuggelwaren. Die Männer führen die Kamele, rot gewandete Frauen treiben die Esel, geschmückt von unzähligen Zöpfen, Stirnmünzen, silbernen

155

Nasenblüten, blauen Perlen gegen den bösen Blick und schwerem Gehänge an Brust, Armen und Füßen. Dann kommen die Kinder. Die großen tragen ihre Geschwister auf dem Rücken. Und schließlich, in einer Staubwolke, Schafe und Ziegen.

Abends schlagen sie zwischen Äckern und Steppe ihre dunklen Zelte auf, um am nächsten Tag weiterzuziehen zu den kühlen Bergweiden, die der ewige Schnee bewässert.

Die Welt der Palmen und das Reich des Schnees verbinden steinige Wege, die sich in unzähligen Kurven durch die Berge winden. Seit Jahrtausenden werden sie von Soldaten, Kaufleuten, Pilgern und wandernden Völkern benützt. Hier ist jeder Hof eine Burg; glatte Mauern, Türme und Zinnen schrecken die Räuber ab, die die dünn besiedelten Regionen unsicher machen. In der Einsamkeit der abweisenden Gebirge muss jeder, der ein Stückchen Erde und das Wasser dazu sein eigen nennt, sich selbst verteidigen. Vor den freien Wandervölkern verschließt man die Tore. Friedliche Fremde aber werden wie Freunde bewirtet. „Khan" heißt „Herr" und „khana" „Herberge".

Ein Garten Viele Dörfer steigen die Flanken der kahlen Täler hinauf, um allen fruchtbaren Boden dem Pflug zu überlassen und plötzlichem Sturzwasser zu entgehen. Da oben wächst kein Baum, keine Blume. Es fehlt das, was für jeden sesshaften Afghanen ein Stück des Herzens ist, der Garten.

Reiche Bauern besitzen einen Garten unten am Bach, der Wasser spendet. Dort verbringen sie den Feiertag. Er liegt hinter einer hohen Mauer, damit die Frauen ihren Tschadri, ihre Verhüllung, ablegen können. Dem Wanderer, der im Staub der Mittagshitze oder in der Feindseligkeit der Nacht im Dorf einkehrt, bleibt der Zugang verwehrt, dem Gast wird er geöffnet.

Unversehens stehst du in einem Paradies an Schönheit und Fruchtbarkeit. Bunte Blumen säumen den Kiesweg, eine Allee aus Kirschbäumchen, rot behangen, führt zum Teich, dessen Wasser ein munter plätschernder Bach erneuert. Die alten Bäume sind so ausgerichtet, dass ihr Schatten seinen Rand ständig vor der sengenden Sonne schützt. Hinten im Garten ist die Maulbeerernte im Gang. Die Bauern des Scheichs schütteln die Bäume, damit die süßen Beeren in die ausgebreiteten Tücher fallen.

Der junge Diener bringt Teppiche, Tee, Brot, Früchte. Du streckst dich aus und spürst, dass ein kaum merkbarer Hauch, eine ungestörte Verbindung von Luft und Erde, deine Seele glättet und schwerelos füllt. Unter Bäumen teilt sich dir die Ruhe mit, die das Land auszustrahlen vermag. Und die Offenheit der Menschen, solange Friede herrscht.

Taschenspieler Es gibt auch glückliche Dörfer. Das Laub alter Bäume schützt den Dorfplatz vor der brennenden Sonne. Aus dem Halbdunkel leuchtet ein Ring weißer Turbane. In ihrer Mitte zeigt ein fremdländischer Taschenspieler seine Kunststücke. Gerade lässt er einen durchbohrten Stein an der senkrecht gespannten Schnur auf und ab tanzen. Später spult er bunte Wolle aus seinem Mund oder bläst Sonnenblumenkerne zu faustgroßen Eisenstücken auf, die das Volk ungläubig prüft. Jenseits des Teppichs wartet ein kleiner Hamster auf seinen Auftritt. Er kann tanzen. Es gibt noch kein Kino, keine Zeitung und viel Zeit an diesem schönen Vormittag.

Am Ende klaubt ein kleiner Helfer die Münzen auf, die in den Kreis gefallen sind. Der Meister steckt den Hamster in die Tasche und wandert fröhlich, aber fremd weiter, um wieder Menschen zu ergötzen, die den Landstreicher bewundern und verachten.

Heiligengrab Ein Netz vom Rauch geschwärzter Nischen durchbricht die Stirnseite des Heiligengrabs. Abends brennen dort Kerzenstummel; sie sollen die Gunst des toten Fürsprechers beschwören. Am Tag rufen ihn die roten zerfetzten Banner, die neben dem Grab an dünnen Stangen im Wind flattern. In die Lehmwand eingelassene Schiefertafeln tragen geheimnisvolle Zeichen und Diagramme. Ein Knäuel aus Steinbockhörnern schmückt das Tor.

Vom flachen Dach des nahen Hauses schauen neugierige Frauen zu uns herüber. Ein Mann geht auf uns zu und setzt sein in Steppdecken gewickeltes Söhnchen vor uns nieder. Es hat Fieber und wimmert. Außer dem Rat zu Bett und Wärme können wir nicht helfen. Eine Weile sitzt der Vater noch vor uns. Dann nimmt er schweigend das Kind, zeigt es dem Heiligen in seinem Grab und verrichtet ein langes Gebet.

Buddha von Bamian Das Tal von Bamian ist am schönsten frühmorgens. Die kristallreine Bergluft zeichnet messerscharf Mauern und Simse der Lehmgehöfte. Die Bäume wirken durchsichtig, das Grün der Felder, aus denen sich langsam der Schatten löst, leuchtet. Jeder Mensch, der aufs Feld geht, wirkt besonders, besonders jedes Tier, das gemächlich die Weide sucht, jede Rauchfahne, die hier und dort zum Himmel steigt.

Der Buddha steht tief in der Dunkelheit der Schattenwand. Noch schweigt seine Gestalt, noch zeigt sich nicht sein entstellter Tod, seine brutal herausgehauene Blindheit, die die geordnete, aus frischen Quellen gespeiste Fruchtbarkeit zu seinen Füßen im Tal nicht mehr sieht. Zwischen den unförmigen Sockeln der Statuen spielen amerikanische Kinder, die Eltern fotografieren einander. Hoch oben auf der Krone des Kolosses mündet ein Gang, der durch den weichen Stein gegraben ist; er gibt den Blick frei auf Schneeberge und Felder.

Der Buddha von Bamian

Die Wände bedecken bunt verwaschene Fresken mit heiligen Inkarnationen. Fünfzig Meter unter ihnen kriechen die Autos wie Käfer über die Straßen.

Bald gehören auch wir zu ihnen. Der Buddha bleibt. Erst wenn du dich noch einmal umschaust, weitet sich der innere Blick, und du ahnst, dass in dem lächelnden Mund, in den gefältelten Hüften, ja auch hinten im Gehirn immer noch eine Seele wohnt, die, dem Stein einmal eingehaucht, ihn nicht mehr verlässt.

Band-e Amir Außer Moos und Fettpflanzen wachsen nur mehr Asphodelen auf den dreitausend Meter hohen Pässen zwischen Bamian und Band-e Amir. So hell, als ob sie selber Licht verstrahlten, wiegen sie sich im schneidend kalten Wind. Selbst die schwarzen Zelte der Nomaden suchen Schutz zwischen kahlen Bergrücken. Ringsum breiten sich gewellte Hochflächen, hinter denen die schneebedeckten, von der Witterung zerstörten Felsen des Hindukusch aufsteigen.

Nur an einer Stelle schneidet sich ein schroffes Tal in die weichen Formen. Zwischen steilen Klippen leuchtet, blau wie Lapislazuli, ein See. So stark sein Strahlen, so tief das Auge seines Wassers auch ist, die Berge haben ihm ihre mineralische Natur aufgeprägt. An seinen Ufern ist nichts Gewachsenes zu sehen.

Beim Näherkommen erscheinen immer neue Seen, jeder hundert Meter tiefer als der andere. Ihr Wasser fällt in Kaskaden über leuchtend weiße Sinterstufen, die hier und dort Sumpftümpeln Platz machen, in das metallisch glänzende Becken des Bruders.

Band-e Amir

Istalif Ich sitze unter riesigen Platanen auf der Terrasse gegenüber dem Dorf. Die alten Bäume sind nicht so ordentlich und gerade gewachsen wie die starken Pappeln, die den Weg zur Straße säumen, der kräftige Wind vom Hindukusch hat sie früh gebeugt, später das Alter. Dicke Äste schießen wie uralte Schlangen aus dem Stamm, verzweigen sich in widerstrebenden, wie vom Geist geformten Zuckungen, bis sie in dichtem, gezacktem Laub enden; von Schwere befreit, steht es gefiedert vor dem hellen Himmel. Die mächtigen Bäume ergreifen die Seele in einer Weise, die sie gleichzeitig beruhigt und bewegt. Sie verkörpern Kräfte, die ich nicht erfassen kann.

Die einfachen Afghanen, die heute, am Freitag, aus der Stadt herausgekommen sind, bewegen sich vor dieser Kulisse mit mythischer Unbekümmertheit. In kleinen Gruppen streifen sie über den Weg, breiten ihre Tücher am Rand des Abhangs aus und lagern sich darauf. Einige hocken im Kreis am Boden und spielen Karten, andere strecken sich aus und schlafen, sie unterhalten sich oder tun gar nichts. Am Vormittag störten noch Kofferradios die Ruhe, jetzt, wo die Sonne den Zenit erreicht, hört man nur das rhythmische Rauschen des Winds im Laub.

Bis vor kurzem saß in der Nähe ein Sänger, auf dem Schoß eine Rubab, ein Saiteninstrument, dessen Hals bis über seinen Kopf reichte. Zu vollen, metallischen Akkorden sang er inbrünstige Liebeslieder, auch eins über die Liebe des klassischen Paars Leyla und Madschnun. Sein Gesicht hatte etwas freches, herausforderndes, der Turban hing ihm weit im Genick, das lose Ende wehte über die Schulter.

Ab und zu wandelt eine Gruppe von Frauen vorbei, von Kopf bis Fuß in ihren Zeltschleier gehüllt, gefolgt von einer Schar Kinder. Die Männer schauen ihnen nach.

Zur Ebene hin steht die Terrasse über dem tiefen Grün buschiger Gärten und der eng gewürfelten Kulisse eines Lehmdorfes. Sie bilden den Rahmen für das das Gebüsch am Rand des schäumenden Wassers eines Gebirgsbachs und die im Mittagsdunst kaum mehr wahrnehmbaren Konturen der Hochgebirge. Ein paar Rosenstöcke heben sich von der flimmernden Weite ab; nur zwei von ihnen blühen noch. Es wird bald Herbst. Buben bieten Joghurt-Wasser mit Gurken an. Zwei winzige Bürschchen, die versuchen zu betteln, werden von ihrer höchstens siebenjährigen Schwester ernst zurechtgewiesen. Ein alter, wackeliger Graubart wandert auf seinen Stock gestützt mit einem Teller Maulbeeren herum und versucht, sie zu verkaufen. Ein scheuer Mann hält Pfirsiche feil, so unaufdringlich, dass der Korb am späten Nachmittag noch immer voll ist.

Als die Sonne sinkt, wird es kühl. Die hellgrauen, tausendfach zerrissenen Kulissen der Berge heben sich jetzt deutlicher vom blassen Blau des Himmels ab. Auf der gelben Ebene liegen dunkle Wolkenschatten. Eine Schar Frauen, ein paar Männer wallen noch scheinbar ziellos durch den Raum unter den Platanen, Kinder streifen herum. Zwischen den Bäumen und am Himmel wird es leer.

Nachtrag: Afghanistan 1996

35 Jahre später besuchte ich noch einmal Afghanistan. Im Oktober 1996 nahm ich an einer internationalen Konferenz in Taschkent, der Hauptstadt von Usbekistan teil. Ich benutzte die Gelegenheit, um das Land wiederzusehen, mit dem mich so viele schöne Erinnerungen verbanden.

Das war nicht einfach. Ausländische Fluggesellschaften flogen Kabul wegen des Bürgerkriegs nicht an. Ich nahm daher eine Maschine nach Islamabad, der Hauptstadt von Pakistan. Dort besuchte ich zunächst einen früheren Kollegen, der jetzt die Vereinten Nationen in Afghanistan vertrat, aber in Pakistan lebte. Er reiste zu Verhandlungen mit den Taliban in einem Sonderflugzeug der Vereinten Nationen nach Kandahar und nahm mich dorthin mit. Nach dieser Reise in den Süden Afghanistans fuhr ich dann von Pakistan mit dem Auto nach Kabul. Nach vier Tagen Aufenthalt in der kriegszerstörten Hauptstadt Afghanistans reiste ich auf dem gleichen Weg zurück nach Peschawar. In der pakistanischen Grenzstadt bestieg ich die Bahn nach Karachi und flog von dort aus nach Hause.

Ich nehme die wichtigsten meiner damaligen Notizen in diesen Band auf. Sie zeigen ein ganz anderes Bild Afghanistans, als das, das ich 35 Jahre vorher mitnahm. Inzwischen hatte es Aufstände gegeben, Bürgerkriege, die schlimme Herrschaft der Taliban und eine fremde Besatzung (eine weitere sollte fünf Jahre später folgen). Elend und Zerstörung beherrschten viele Teile des Landes. Aus dem „Land der Goldenen sechziger Jahre" war ein „Scheiternder Staat" geworden. Das ist Afghanistan heute noch und es gibt keine Hoffnung, dass sich das in absehbarer Zeit ändert.

Kandahar, 24. Oktober 1996 Herr Holl war während meiner Zeit im Auswärtigen Amt Leiter des Referats für den indischen Subkontinent, also auch für Afghanistan. Gegenwärtig hatten ihn die Vereinten Nationen zu ihrem Afghanistan-Bevollmächtigten ernannt. Da es seit der sowjetische Besetzung keine UN-Vertretung in Kabul mehr gibt, nimmt er seine Aufgaben von Islamabad, der Hauptstadt des benachbarten Pakistan aus wahr.

Ich hatte Glück: Holl musste in diesen Tagen politische Gespräche mit Führern der Taleban in deren Hauptquartier in Kandahar führen und erklärte sich bereit, mich daran teilnehmen zu lassen. So flog ich zunächst von Taschkent nach Islamabad und stieg dort um in sein kleines Staatsflugzeug.

Als das Flugzeug sich Kandahar näherte, veränderte sich die Landschaft. Zunächst war es über die nackten Rippen einer Art Mittelgebirge gegangen. Jetzt weitete sich der Grund und wurde zu brauner Erdwüste. Weiter im Westen wellten sich gelbe Dünen wie Wasser in leichtem Wind. Aus dem hellen Boden brachen schwarze Gebilde, einsame bizarre Formen, wie Dinosaurier. Weiter im Süden verloren sich gleichförmige blaue Bergwellen im dunstigen Morgenlicht, unglaublich schön und zart.

Holl hätte gerne auf dem Flugplatz mit den amtierenden „Außenminister" der Taliban verhandelt, wie es gestern der pakistanische Staatssekretär, der hier war, getan hatte, nicht nur aus Zeitgründen, sondern vor allem wegen des Prestiges. Aber diesen Gefallen taten ihm die selbstbewussten Fundamentalisten nicht, die vor einem Monat nicht nur den größten Teil des Landes, sondern auch die Hauptstadt Kabul eingenommen hatten und sich jetzt als die afghanische Regierung betrachteten. Ich hingegen war froh, dass wir die zehn oder fünfzehn Kilometer in die Stadt fahren mussten, und glücklich über die Bilder, die sich mir im Staub der kaputten Straße boten.

Als wäre die Zeit vor 35 Jahren stehen geblieben, saßen die Männer aufrecht, lässig, in malerischen Gruppen unter Laubbögen, ganz so, wie ich sie in meinen Erinnerungen vor Augen hatte. Auf den Feldern luden Mädchen in langen roten Kleidern und schwarzen Überhang trockene Büschel auf ihre Esel. Zwei Männer, den Turban schlampig um den dunklen Kopf gebunden, wanderten die Straße entlang. Ein paar Meter weiter stand ein Dutzend schwarzer Nomadenzelte, vor denen ebenfalls Männer hockten. Überhaupt, die Art und Weise, wie die Männer hier sitzen, ist unvergleichlich; das habe ich sonst nirgends gesehen, so würdig, zwanglos, unangestrengt und umgeben von der Weite und dem Licht der heißen Gebirgswüste. Ich wusste auch nicht mehr, wie vollendet schön die einfachen Lehmhäuser sind. Über der Türe ist nur eine braune Mauer; ein wenig höht das Wohnhaus mit runden Ecken, sonst nichts, aber alles stimmt.

Näher am Stadtrand gab es viele kaputte Häuser, manche offensichtlich gesprengt, andere angeschossen oder erst halb fertig. Dazwischen begann ein dichter Markt, viel dunkles Handwerk und Autoreifen, aber auch Berge von Granatäpfeln, Trauben sowie volle Säcke und Fahrräder.

Die Gespräche fanden im Gästehaus der Taleban statt. Auch hier schien die Zeit stehen geblieben, vor allem im Bad, aber auch im Verhandlungsraum. Entlang den vier Wänden standen niedrige Sofas, davor fast auf Bodenhöhe Tische, auf denen nach und nach Nüsse, aufgebrochene Granatäpfel, die herrlichen Trauben von Kandahar, Bananen und Tee aufgetragen wurden. Wir waren vier Schlipsträger und ebenso viele Afghanen. Ein junger Afghane, den Holl mitgebracht hatte, dolmetschte.

Das Ziel der Verhandlungen war ein Waffenstillstand zwischen den Taleban und ihren Gegnern, der Koalition der Milizen von Dostum, Massud und dem Schiiten Khalili. Diese Gruppe, der sich, „Hoher Rat zur Verteidigung Afghanistans" nannte, hatte in den letzten Tagen einen Teil der Ebene nördlich von Kabul zurück erobert. Man musste damit rechnen, dass neue Kämpf um Kabul ausbrechen und es wieder Zerstörungen und Flüchtlinge geben werde, und das zu Beginn des Winters. Ein paar Tage vorher hatte es noch so ausgesehen, als hätten die Taleban das Rennen um die Hauptstadt gewonnen und sich damit die Herrschaft über das ganze Land südlich des Hindukusch gesichert. Die zentralasiatischen Staaten unter Führung Usbekistans bekamen Angst, der islamische Fundamentalismus könne in das im Bürgerkrieg befindliche Tadschikistan überschwappen und von dort in die anderen Länder Mittelasiens (Usbekistan, Turkmenistan, Kirgistan und Kasachstan) und die Genossen der alten Riege, die in diesen seit kurzem unabhängigen Staaten an der Macht sind, verdrängen. Mit der postsowjetischen Ruhe wäre es dann zu Ende gewesen.

Man hatte mir schon in Taschkent klar gemacht, dass man die Taleban nicht als Nachbarn dulden werde. Man wolle erreichen, dass sie von ihrem hohen Ross herunterkommen. Ich zweifelte, dass die Taleban wirklich an einen Waffenstillstand interessiert waren, der ihnen weniger als den Status Quo sichern würde.

Für alle Fälle hatte Holl gestern zusammen mit den Pakistanern den Entwurf einer Vereinbarung zwischen den Taleban und Dostum, dem Führer der afghanischen Usbeken, ausgearbeitet. Den erläuterte er jetzt Stück für Stück und las ihn dann vor. Ich konnte ruhig dabei sitzen, beobachten und mir meine Gedanken machen. Ich fragte mich, ob Holl wirklich etwas erreichen könnte, fand aber, dass er seine Sache gut machte. Er baute seine Argumente langsam auf, nahm Fragen und Einwände ernst und bewegte sich Schritt für Schritt vorwärts. Die Chancen für einen Erfolg waren aber schon von Anfang an gleich Null. Nicht nur, weil die Taleban Kabul auf alle Fälle behalten und ihre Feinde möglichst weit weg haben wollten. Auf der anderen Seite war der Machtkampf noch in vollem Gang. Sowohl die afghanischen Parteien wie ihre ausländischen Verbündeten waren nur bereit zu einer „Lösung" in ihrem Sinn. Ein Waffenstillstand kam nur in Frage, wenn er ihren Vorstellungen entsprochen, ihre Dominanz gesichert hätte. Kompromiss, Machtteilung waren für beide Fremdworte und gleichbedeutend mit Schwäche.

Die Afghanen saßen völlig ungezwungen im Raum. Erst als es um die Frage des Truppenabzugs und einer internationale Überwachung desselben ging, fing einer der Männer, die im Hintergrund saßen, an, auf einem abgerissenen Zettel Notizen zu machen. Wahrscheinlich war er der Staatssekretär. Der Minister schien sich zuerst zu langweilen. Je mehr sich das Gespräch den zentralen Fragen näherte, desto wacher wurde er. Er wirkte jetzt überlegt und selbstbewusst. Schließlich machte er klar: Die Taleban würden nach einem Waffenstillstand die Truppen aus Kabul nehmen, aber auch Ahmad Schah Massud müsse mit seinen Käpfern zurück in das Pandschschirtal und Dostum zurück nach Mazar-e Scharif. Das würden diese natürlich nie tun. Und wer würde die Überwacher überwachen? Holl fragte nach. Die Antwort: Die Überwachung könne unter den „Auspizien" der Vereinten Nationen stattfinden. Holl berichtete, der Sicherheitsrat werde sich morgen mit dieser Frage befassen. Mullah Ghausi, einer der anwesenden Taleban, lehnte das ab. Die Vereinten Nationen könnten bezahlen, ja verwalten. Aber das Volk wolle keine Ausländer, keine Blauhelm-Soldaten im Land sehen. Dann bat Holl den Minister um ein Vier-Augen-Gespräch.

Ein junger Amerikaner, der die humanitäre Hilfe der Vereinten Nationen in Kandahar koordiniert, hatte an den Gesprächen teilgenommen. Jetzt erzählte er mir, was hier alles geschieht. Auf dem Gebiet der Minenräumung gibt es acht Nichtregierungsorganisationen, fünf afghanische, eine amerikanische, eine iranische. Mit zusammen ungefähr 7000 afghanischen Minenräumern. Nun kamen auch der Minister und Holl aus dem Haus. Ohne ein Wort zu sagen, außer: Essen und dann weg. Holl war nervös und brach schon während des Essens auf. Der Minister brachte ihn zur Treppe und blieb etwas konsterniert zurück.

Kabul, 27. Oktober 1996 Nach dem heutigen Mittagessen fuhren der sehr freundliche burmesische Leiter der Unicef-Mission in Kabul und sein Gesundheitsfachmann Dr. Rafiqi, ein afghanischer Arzt aus Dschalalabad, mit mir durch die Stadt. Es war ein klarer, warmer Herbsttag, der Himmel leuchtend hell. Auf der Brücke über den Kabul-Fluss am Rand der Altstadt gelangten wir zu der Wiese des alten Festgeländes, wo wir früher am Nationalfeiertag in Frack und langem Kleid hinter dem König die Parade abnahmen und zuschauten, wie die Paschtunen in wirbelndem Tanz den Panzern folgten. Jetzt war jedes der alten Häuser auf der anderen Seite der Straße zerstört. In der Dschadd-e Maiwand, der großen Prachtstraße, bot sich das gleiche Bild. Kein einziges Stück ihrer sicher zwei Kilometer Länge war ganz geblieben, eine Ruine zerfiel neben der anderen.

In den Ruinen suchten Männer nach Abfällen. Seit die Taleban die Stadt erobert und die Straße nach Pakistan wieder geöffnet hatten, also seit einigen Wochen, lohnt es sich, Schrott und Altmetall zu sammeln. Ein Junge, nicht älter als acht Jahre, klopfte mit viel Kraft alte Büchsenstücke zurecht, um sie aufeinander stapeln zu können. Ein paar Meter weiter wurden Metallstücke auf der Straße verkauft. Wir bogen ab und fuhren zum Garten am Grab von Babur Schah, dem ersten Mogul-Kaiser Indiens. Der Kabul-Fluss war jetzt im Hebst nur mehr ein dunkles, unappetitliches Rinnsal. Trotzdem hockten hier Scharen von Frauen und wuschen ihre Wäsche.

Später kamen wir durch andere, dorfähnliche Stadtteile. Auch sie waren Felder der Zerstörung, ganz gleich ob sie vornehmlich aus Lehmhäusern, Fabrikgebäuden oder Steinbauten bestanden. Dr. Rafiqi hatte früher hier gewohnt. Er konnte präzise aufzählen, welcher Kommandant für welche Zerstörung verantwortlich war. „Diesen Block hat Hekmatyar auf dem Gewissen, als er Ministerpräsident war, aber mit Ahmad Schah Massud, dem Herrscher über das obere Pandschschir-Tal, kämpfte."; „Hier hat Massud hinein geschossen". „Hier hat Dostum, der Uzbeken-General, gehaust, als er die Stadt eroberte und so brutal vorging wie kein Anderer". „Hier verschanzte sich der Schiitenführer Khalili und säuberte das Viertel, in dem vor allem Schiiten wohnten, von Angehörigen anderer Ethnien." In der Nähe gab es ein schiitisches Heiligtum, auf das ich einmal bei einem Freitagsausritt gestoßen war; unter großen Kiefern saßen damals Männer, beteten und tranken weiter hinten Tee. Diese Erläuterungen verwirrten mich. Die Namen der Milizenchefs tauchten in unterschiedlicher Reihenfolge und mit immer neuen Rollenbeschreibungen und unterschiedlicher Waffen auf, Raketen, Bomben, Panzerwaffen. Man schätzt, dass 60 Prozent der Häuser von Kabul zerstört waren. Hier im Süden der Stadt, zwischen den Hügeln von Schahr-e Nau und Darulaman sind es sicher 80 Prozent.

Auch die beiden Bomben, die heute Nacht explodierten, eine auf dem Flughafengelände, die andere im Schahr-e Nau Park, 100 Meter von dem UN-Gästehaus entfernt, in dem ich schlief, kamen von einem Flugzeug Dostums. „Er will zeigen, dass er meint, was er sagt, wenn er den Taleban mit Angriffen droht", erklärte mir Dr. Rafiqi.

In Peschawar hatte man mir gesagt, seit die Taleban in Kabul seien, hätten die Frauen Angst, das Haus zu verlassen. Nun sah ich überall Frauen auf der Straße. Wie zur der Zeit, als ich 1958 in Kabul eintraf, trugen alle ohne Ausnahme hellblaue, goldfarbene oder dunkelrote Burkas, Ganzkörperschleier, die sogar die Augen durch ein gestricktes Netz vor fremden Blicken schützen. Sie saßen sogar zu mehreren in Omnibussen, allerdings in solchen, die nur von Frauen benutzt wurden. Man erzählte mir, Frauen dürften wieder in Krankenhäusern arbeiten; aber nicht im gleichen Raum wie Männer. Schlimmer ist es in der Schule. Alle Schulen sind bis jetzt geschlossen, weil drei Viertel der Lehrer auch in Jungenschulen Frauen sind. Für Mädchen bahnt sich ein Kompromiss an. Die Schülerinnen dürfen im Haus ihrer Lehrerin unterrichtet werden.

Nach allem was man hört, auch von Frauen selbst, ist es den Taleban egal, ob sie bei der Behandlung von Frauen Gesetze der Humanität verletzen. Was sie im Augenblick interessiert, sagte jemand, der es wissen muss, ist, von den Vereinten Nationen und vom Westen anerkannt zu werden. Damals entstand in mir die Frage, ob es nicht möglich wäre, durch die Anerkennung der militärischen Realitäten den Frieden zu fördern und dann eine vorsichtige Zusammenarbeit über die Vereinten Nationen zu versuchen.

Ich fand die alte Botschaft, dunkel und verschlossen und auf der Straßenseite mit kleinen Läden verbaut. Nicht weit entfernt davon stand immer noch unser damaliges Wohnhaus. Wo sich früher vor der Treppe zur Haustür ein kleiner Platz für unseren Land-Rover befand, drängten sich jetzt schmutzige Buden, die Autoteile verkauften. Dahinter konnte man gerade noch unser altes Blechdach sehen. Um die Ecke, wo früher der Garten anfing, hatte man eine hässlichen Auto-Reparaturwerkstatt mit Schuppen und Garagen gebaut. Nur eine groß gewordene Kiefer ragte über ihr Dach und bezeichnete den Platz, wo Silvia Kaya gestillt und Nina ihren kleinen Esel gefüttert hatte.

Kabul, 28. Oktober 1996 Die Nacht wurde von Maschinen-gewehr- und Mörserfeuer ganz in der Nähe unterbrochen. Nachmittags besuchte ich das städtische Waisenhaus. Zu dieser Zeit waren etwa eine Million afghanische Kinder ver-waist. Man sah deutlich, dass auch hier die meisten von ihnen schlecht ernährt waren. Viele, zu viele wirkten apathisch. In diesem Heim lebten 600 Kinder. Manche sind nur Halbwaisen. Ihre Mütter können sie nicht ernähren. Einmal in der Woche dürfen sie nach Hause gehen. Unicef hilft bei der Ernährung, bei der Ausstattung mit Medikamenten und mit warmen Decken und Heizmaterial. Schon jetzt im Oktober erreicht in Kabul die Temperatur den Gefrierpunkt. Im Winter wird es bitter kalt.

Kabul – Dschalalabad – Peshawar, 30. Oktober 1996 Da es noch kein öffentliches Verkehrsmittel gab, mietete Unicef für zwei Mitarbeiter und mich ein Auto, um uns nach Pescha-war zu bringen. Von dort wollte ich dem Zug nach Karachi nehmen und mit dem Flugzeug nach Hause fliegen.

Früh am Morgen verließen wir Kabul und waren kurz darauf in der Tang-e Karu, einer steilen Schlucht, die der Kabul Fluss ins Gebirge gesägt hatte.

Zunächst ging es durch neue Vorstädte der Hauptstadt, dann durch Gemüsefelder, auf denen gearbeitet wurde. Dem Straßenrand entlang warteten Männer in einer eigenartig hockenden Haltung, wie müde Raubvögel; niemand von uns wusste auf wen oder was. Ununterbrochen begegneten oder überholten uns Kleinbusse. Die Hälfte kam aus Deutschland und trugen noch die Namen deutscher Reiseunternehmen samt Adresse auf den Türen. Offenbar waren sie einmal Instrumente florierender Privatgeschäfte. Vielleicht hatten sie in der guten alten Zeit Hippies nach Afghanistan trans-portier, die mit Anhalter ode Flugzeug nach Deutschland zurückkehrten, nachdem sie sich hier eine gute Zeit gemacht hatten.

Sobald die Schlucht anfing, nahm die Zahl kaputter Lastwagen und umgekippter oder ausgebrannter Tanks drastisch zu. Auch die vielen Gräber am Straßenrand zeigten, wie hart hier gekämpft worden war. Als das Tal sich weitete, waren es die Lehmburgen, die zerstört waren; später ganze Dörfer. Mein Begleiter erklärt mir, dass von ihnen aus die Russen beschossen wurden. Diese hätten dann einfach das ganze Dorf kaputt gemacht. Im Bürgerkrieg hätten die Mudschahedin noch ärger gehaust.

Die leeren Hütten, die in größeren Abständen an der Straße standen, seien Straßensperren der Mudschahedin gewesen. Erst seit die Taleban im September Dschalalabad erobert hatten, kann man die Straße ohne Behinderung benutzen.

Jetzt gab es eine andere Art von Abgaben. Kinder, auch ganz kleine, standen an der Straße und schütteten Sand auf den Schotter; so als würden sie die Straße reparieren. Kam ein Auto vorbei, so streckten sie ihre Hand aus und bettelten um „Lohn". Anfangs war ich gerührt und warf immer wieder einen Geldschein aus dem Fenster. Mit den fortschreitenden Kilometern ging mein Vorrat zu Ende.

Am Eingang der meisten Dörfer war ein kleines Schild aufgestellt. auf dem stand, welche internationale Organisation dem Dorf beim Wiederaufbau geholfen hatte – mit Brot, mit Brunnen, mit einer Schule. Einmal kamen wir an starken Kabeln vorbei, die über den Kabul-Fluss gespannt waren. Daneben lag ein Korb, mit dessen Hilfe man den Fluss überqueren konnte; das Werk einer französischen Hilfsorganisation.

Nachmittags erreichten wir Dschalalabad. Vorher überholten wir noch einen Nomadenzug. Eine andere Gruppe hatte ihre Zelte schon aufgeschlagen und die große Ziegenherde in die Wiesen getrieben, während die Kamele hinter den Zelten grasten.

Am nächsten Morgen fuhren wir weiter. Bis zum Khyber-Pass, der pakistanischen Grenze, war es nicht mehr weit. Als wir am Schlagbaum warteten, bis wir an der Reihe waren, zog eine kleine Menschengruppe an uns vorbei, die aus einem Gemälde von Hieronymus Bosch zu kommen schien. Sie wurde angeführt von einem verwachsenen Krüppel, der sich ohne richtige Beine mühsam vorwärts bewegte. Ihm folgten ein blinder Greis, den zwei jüngere Männer führten, und eine alte blinde Frau, ebenfalls mit zwei Helfern. Alle waren verschmutzt und wirkten bedrückt. Niemand nahm Kenntnis von ihnen. Offenbar waren sie unterwegs, hoffentlich zu einem Dorf, das sie empfangen würde. Oder zu einem Heim in Pakistan, wo nicht gekämpft wird.

Ein Stück weiter mussten wir an der nächsten Barriere wieder warten. Wieder zogen die Invaliden an uns vorbei. Die alte Frau lag in einem Handkarren und wurde über die Grenze geschoben. Die Anderen humpelten vor und hinter ihr nach Osten. Krankheit hat hier ein anderes Gesicht. So lange man nicht konkret helfen kann, kann man nur schweigen.